JN069047

新版 ホルモン メニューBOOK

専門店・焼肉店・居酒屋・ビストロ・バールの
レシピ&技術

146

旭屋出版

CONTENTS

167　評判店に学ぶ
ホルモンの下処理・仕込み・商品化の技術

「ホルモン力」を高める! 繁盛店の取り組み

本書をお読みになる前に

◆本書は旭屋出版MOOK「ホルモンメニューBOOK」に新規取材店を加え、再編集し、改題して新しく書籍化したものです。

◆本書で紹介しているお店の情報、メニューの内容、価格などは、2021年11月現在のものです。

◆掲載したホルモン料理は、季節や期間限定メニューとして提供されていたもの、試作品として開発していただいたものも含まれ、各店の都合により提供していない場合もあります。ご了承ください。

◆各メニューに使用する部位は、牛・豚・馬・鶏の4種類のイラストと、各部位の一般的な名称で表示しております。また、ひとつの料理に複数のホルモン部位を使用する場合は「ミックス」と表記しております。

◆ホルモンの部位の名称は、地域やお店によって呼び方が異なるものがありますので、メニュー解説やレシピでは原則的にその店の呼び名にならって表記しています。

◆使用する道具、材料、分量の表記も、各店の呼称を基にしております。

◆レシピ分量のうち「適量」「少々」などは、適宜お好みの分量に調整してください。

◆ホルモンは、お店に届く段階である程度、仕入れ先が下処理、一時加工していることが一般的です。その下処理の具合は各店で異なるため、店によってはホルモンの下処理・仕込みの解説を省略しているところもあります。

◆ホルモンは、仕入れ時の鮮度や仕入れ先での加工の具合、店での品質管理の仕方によって、素材の状態、品質が変わってきます。本書で紹介している各店のホルモンの下処理、仕込み、調理、保存の方法は、それら鮮度、加工状態、品質管理などの条件を踏まえた上で行なっているため、お店ごとにやり方は異なります。本書を参考に調理をする際は、その点を留意していただき、衛生管理、品質管理、鮮度管理に十分注意してください。

人気店のホルモン料理の作り方・大公開

い志井グループ

『もつ焼き処　い志井』を始め、もつ焼きの立ち飲み店『日本再生酒場』やホルモン焼肉の
『新宿ホルモン』等、数々の繁盛ホルモン業態を手掛ける「い志井グループ」。
現在はFCを含め全国50店舗以上を展開する。
群馬県高崎食肉センターと提携して鮮度のよいホルモンを確保しつつ、
これまで商品価値の低かった部位の有効活用に取り組み、「Pトロ」などの数々のヒット商品を生み出している。

ハラミジャーキー

ホルモンボール

 牛 ミックス 豚 ミックス　650円

あらゆるホルモン類の加工・仕込みで出るスジや脂などの端材と野菜の端材を組み合わせて作る、究極の食材活用メニュー。様々な部位が加わることで生まれる旨みに、カレー粉を加えて全体の味をまとめる。肉を細かくミンチし、粗みじんにして炒めた野菜くず、卵、パン粉、カレー粉等を加えてボール状にまとめ、茹でて中まで火を通した状態で配送。ロースターで焼き、塩ゴマ油で食べてもらう。
◆提供店：焼肉食堂 (卸) 調布食肉センター／
日本再生酒場 (上記価格は焼肉食堂の価格)

牛 ハラミ

焼材としては形状や品質がやや劣る牛ハラミを活用。ハラミ独特の味わいが、ちょうどビーフジャーキーのスモーク香のように感じられ、酒の肴にぴったり。大ぶりにカットしたハラミを濃口醤油をベースに味醂、砂糖を加えて弱火で2時間じっくり煮込み、柔らかな状態にして密封。セントラルキッチンから店舗に配送し、スライスして提供する。

ハラミジャーキー

材料（1回の仕込み量）
　牛ハラミ（アウトサイドスカート）…… 2本
　濃口醤油 …… 1000 g
　味醂 …… 800 g
　砂糖 …… 400 g

作り方

1 牛ハラミは、大きさにより半分か1/3ずつにカットし、一度茹でこぼす。

2 牛ハラミを寸胴に入れ、濃口醤油、味醂、砂糖を加え、ひたひたに水を張る。

3 煮立ってきたら落とし蓋をし、弱火で2時間じっくり煮込む。30分に一度の頻度でひっくり返し、煮詰まらないように気をつける。

4 寸胴から引き上げる。あら熱をとり、冷めてから少量の煮汁とともに真空パックにかける。密封して冷蔵し、各店に運ぶ。

5 店舗にて注文ごとにスライスし、皿に盛り付けてネギをのせる。肉を漬け込んでいた時のタレをかけて提供。

ホルモンボール

材料（1回の仕込み量）
　※ ホルモン類の端材 …… 30kg
　全卵 …… 30個
　パン粉 …… 3つかみ
　カレー粉 …… 100 ～ 150 g
　塩 …… 適量
　※※ 野菜くず …… 5 ～ 6kg

作り方

1 ホルモン端材をミートチョッパーにかけ、細かくミンチにする。全卵、パン粉、カレー粉、塩、野菜くずを手で練り合わせる。この状態で真空パックし、冷凍保存も可。

2 **1**をゴルフボール大に丸くまとめ、沸騰した湯に落とす。

3 浮いてくる脂を取り除きつつ、しっかり茹でて中まで火を通す。

4 湯から上げ、風を当ててあら熱をとり、ひと晩冷
蔵庫に入れて水分を抜く。

5 手でまん丸く成形し、真空密封して冷蔵。各店
に配送する。→**Point**

6 店舗にて、5個づけでのせる。ロースターで焼い
てもらった後、ゴマ油、塩をつけて食べてもらう。
串焼がメインの『日本再生酒場』で提供する際は、
串にボールを2個打ち、1串200円で提供。炭火
で焼き上げ、塩、濃口醤油、カレー粉で調味する。

※ホルモン類の端材

牛、豚ともに、仕込みの際に出る各
種ホルモン類の脂、スジ、端肉など
を集めておく。通常は捨ててしまう
端材を有効活用。

※※野菜くず

大根ナムル用の大根の頭や皮、ブ
ロッコリーの根元等、野菜メニュー
で使用した残りを、フードプロセッ
サーにかけて粗みじんにし、しっか
り炒めて水分を飛ばしたもの。

Point

ミンチに入るホルモンの種類は日によって配合が異
なるため、ボールにすると崩れやすいことも。触る
時には崩れないように、注意して取り扱う。

ホルモンハンバーグ

ホルモンボールと同じ肉を使う「ホルモンハンバーグ」。
生野菜とともに皿に盛り付け、焼いて食べてもらう。1
つ120ｇ。卵黄入りのタレを添える。

もつじゃが

牛　赤センマイ　　　　　　　　　　390円

肉じゃがをアレンジした人気商品。脂の甘みが魅力の
赤センマイを用いることで、ジャガイモやしらたきにも
旨みがプラスされる。赤センマイはきれいに掃除してぬ
めりや汚れを落とす。ジャガイモは切り分けず、丸ごと
器にうず高く盛り付け、見た目の面白さも工夫している。
◆提供店：もつ煮込み専門店　沼田

幻のズイ

 馬 脊髄

希少な馬の脊髄を使った焼肉メニュー。特に鮮度が大事な部位なので、熊本の馬肉パッカーより生の状態で仕入れ、その日のうちに使い切る。外側の薄い膜をひいて食感よく仕上げ、だし醤油やゴマ油に半日漬け込んで提供。焼き目がつくまでしっかり焼いてもらい、ふわっとした独特の食感を楽しんでもらう。

 牛 テール　　　　　　　　1800円

牛テール肉をじっくり煮込み、デミグラスソースを合わせた洋風の一品。食べ応えと見栄えのよさを意識し、テールの大きい肉のみをこの商品用に使用。骨から外れるくらいに柔らかくなるまで煮込む。仕込んだら密封して冷凍し、注文ごとに温めて提供する。
◆提供店：日本再生酒場

テール煮込み

もつじゃが

材料（4人前）
- ※ 赤センマイ …… 12切れ
- 人参（乱切り）…… 8切れ
- ジャガイモ …… 4個
- 玉ネギ …… 1/2個
- しらたき …… 100g
- サラダ油 …… 適量
- 砂糖 …… 120g
- 水 …… 800g

調味料A
- ┌ 本だし（顆粒）…… 15g
- │ 酒 …… 80g
- │ 味醂 …… 80g
- └ うま味調味料 …… 6g
- 濃口醤油 …… 100g
- 淡口醤油 …… 20g

作り方
1. ジャガイモは芽をとって面どりをし、玉ネギはくし形切り、人参は大きめに乱切りする。
2. 鍋にサラダ油をひき、ジャガイモを2〜3分かけて炒める。さらに玉ネギ、人参を炒める。→**Point**
3. 水、砂糖を入れ、仕込みの済んだ赤センマイとしらたきを加える。15分ほど、ごく弱火で煮込む。
4. ジャガイモの中まで火が通ったら、調味料Aを加えて火を強め、酒、味醂のアルコール分を飛ばす。

5. 濃口醤油、淡口醤油を加え、弱火で8分ほど煮込む。
6. 注文ごとに、ジャガイモ1個、人参2切れ、赤センマイ3切れ、しらたき、玉ネギを器に盛り付けて提供。

Point
ジャガイモは丸1個で提供するため、先に2〜3分炒めることで形を崩れにくくする。

※赤センマイの仕込み

牛の第4胃袋のうち、い志井では上側の肉厚な部分を「ギャラ芯」として串焼きや焼き物に、それ以外のヒダのある部分を「赤センマイ」として使用（別称ナヘラ）。噛み応えもあり肉の甘さが楽しめる。

作り方

1. 赤センマイをボウルに入れ、片栗粉と薄力粉を同割に、水少々を加え、表面にもみ込む。ヒダの間までしっかりもみ込むこと。

2. 流水で洗う。何度も水を変え、ぬめりや汚れが取れるまでしっかり洗う。

3. 香味野菜とともに、30分ほどボイルしておく。

4. もつ煮やもつじゃがに使う分を食べやすい大きさにカットする。

幻のズイ

材料（1人前）
　馬セキズイ …… 100 g
　だし醤油 …… 適量
　おろしニンニク …… 適量
　ゴマ油 …… 適量

作り方

1 セキズイを掃除する。外側の薄い膜を、手ですべてむく。中の脊髄がちぎれないように注意。膜と髄の間に指を入れ、むいていくと取れやすい。

2 だし醤油、ニンニク、ゴマ油に漬け込み、半日置く。
3 注文ごとに皿にのせて提供。焼いてハサミで切り分けながら食べてもらう。

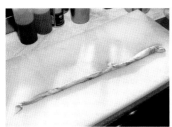

セキズイは熊本の馬肉専門パッカー「千興ファーム」より仕入れ。入荷が不定期なため、希少なメニューとしておすすめで提供した。

テール煮込み

材料（1回の仕込み量）
　牛テール …… 7本
　玉ネギ …… 適量
　ネギ頭 …… 適量
　デミグラスソース …… 適量

作り方

 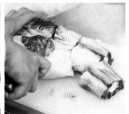

1 テールの関節の間に庖丁を入れて切り分けておく。根元部分から3つ分の大きなものを「牛テール煮」に使用。小さなものは「雑炊」や「テールスライス」として提供する。

2 テールのまわりについている余分な脂を切り落とす。切り落とした脂は、「ホルモンボール」に使用。
3 寸胴に牛テールと水を入れ、加熱する。一度沸騰させて茹でこぼし、水を入れ替える。再度加熱し、玉ネギ、ネギ頭を加える。アクを取り除きながら5時間煮込む。
4 1人前（牛テール関節1個分）ずつを小分けの真空パックに入れ、別に作っておいた自家製デミグラスソースを加える。真空包装機にかけて密封して冷凍。各店へ配送する。
5 注文ごとに温め、パセリをふりかけて提供する。

Point

テールの関節部分は、一定間隔で白く模様が出ている。そこを目安に庖丁を入れるとよい。

牛すじキムチスープ

牛すじ煮込み

レバームース

 豚 レバー　　　　　　　525円

レバ刺にかわる商品として開発。通常大型のポーションでまとめて作ることも多いレバームースだが、同店では小さなココットを使い、1人前ずつの小ポーションで作ることで、管理もしやすくロスのない提供を可能に。鮮度のよい豚レバーをブランデーに漬け込み、バター、生クリーム等とともにミキサーにかけた後、漉してなめらかな食感を工夫。湯煎にかけながらオーブンで加熱。冷凍状態で密封して各店へ配送し、解凍して提供する。
◆提供店：ハラミ屋Burrari／クリスマス亭／BunS（上記価格はBurrariの価格）

牛 スジ肉　　牛すじキムチスープ　550円
　　　　　　　牛すじ煮込み　550円

業態ごとに味つけを変えて提供する、定番人気の牛すじ煮込み2種。「牛すじキムチスープ」は牛スジを5時間下茹でした後、白菜キムチを加え、濃口醤油や粉唐辛子でピリ辛味に調味。「牛すじ煮込み」は2時間下煮した後、生姜を加えてさらに3時間煮込み、練り梅や濃口醤油でさっぱり風味に味つけする。
◆提供店：じゅうじゅうぼうぼう（牛すじキムチスープ）／もつやき処　い志井（牛すじ煮込み）

牛すじキムチスープ

材料（1回の仕込み量）
- ※牛スジ肉 …… 5kg
- 自家製白菜キムチ …… 2.5kg
- 粉唐辛子 …… 50g
- 濃口醤油 …… 250g
- 三温糖 …… 230g
- ゴマ油 …… 450cc

※牛スジ肉

牛の骨まわりのスジを主に使用。肩など様々な部位から取れるものを活用する。

作り方

1 寸胴に湯を沸かし、牛スジを入れ、煮込む。アクを取り除きながら2時間ほど下煮をし、ある程度柔らかくなったら湯から引き出し、ハサミでひと口の大きさにカットする。

2 湯を入れ替え、寸胴に牛スジを戻し入れる。さらに3時間ほど煮込む。

3 白菜キムチを加え、沸騰するまで煮込む。

4 沸騰したら、粉唐辛子、濃口醤油、三温糖で調味し、しっかり混ぜ合わせてひと煮立ちさせる。

5 火を止め、ゴマ油を加えて完成。あら熱がとれたら真空パックに入れて密封し、冷凍して各店舗へ配送する。→**Point**

Point

香りが飛ばないように、ゴマ油は火を止めてから最後に加える。

牛すじ煮込み

材料（1回の仕込み量）
- ※牛スジ肉 …… 5kg
- 針生姜 …… 100g

調味料A
- 練り梅 …… 150g
- 濃口醤油 …… 50g
- 味醂 …… 100g
- 塩 …… 大さじ1
- 砂糖 …… 大さじ1

作り方

基本は「牛すじキムチスープ」と同じ。牛スジを2時間下茹でした後、湯に戻し入れる時に、針生姜を一緒に加えて3時間煮込む。調味料Aを加えて味つけし、ひと煮立ちさせたら完成。

レバームース

材料 (1回の仕込み量)
豚レバー …… 300 g
ブランデー …… 適量
生クリーム …… 150cc
バター …… 20 g
塩 …… 5 g
砂糖 …… 15 g

作り方

1 豚レバーはきちんと下処理をし、適度にカットしたらブランデーに漬け込んでおく。このままの状態で冷蔵保存も可能。

2 漬け込んだレバーをブランデーから引き出し、水気をとる。

3 レバーを生クリーム、バター、塩、砂糖とともにミキサーにかける。

4 しっかり撹拌されたら、漉して余分なレバーの肉片を除く。

5 ココット1個につき40 gを注ぐ。バットにのせ、湯を敷いてアルミホイルで覆う。

6 湯煎しながら、110℃のオーブンで10分加熱する。オーブンから取り出したら器ごと冷水にとり、一気に冷やす。冷凍して密封し、各店へ配送。→**Point**

7 注文ごとにパセリをかけたバゲットを添えて提供。

Point

ムースがつぶれやすいので、配送の際は冷凍して固めてから密封する。色も変わりやすいので早く使い切ること。

もつ煮込み
塩柚子胡椒仕立て

 牛　ほほ肉・センマイ　　　　　　　　390円

「居酒屋ではなく、ホルモン屋のもつ煮」だから、野菜
は入らず、汁も少なくホルモンだけを楽しませるスタイ
ルに。塩仕立ては味のごまかしがきかないため、部位
のチョイスを吟味し、下処理も念入りに。塩味は日替
わりで「塩柚子胡椒仕立て」「塩ニンニク仕立て」「塩
梅仕立て」の3種類を用意している。
◆提供店：もつ煮込み専門店　沼田

もつ煮込み醤油仕立て

牛	盲腸・肺・赤センマイ	豚	脾臓	390円

『沼田』の醤油仕立てのもつ煮は、種類豊富なホルモンが味わえて人気。一般には使われない牛盲腸や、柔らかい食感の牛フワ（肺）を使って珍しさを打ち出すと同時に利益率も高めている。ホルモンはそれぞれ念入りに下茹でをし、臭みと余分な脂を取り除く。
◆提供店：もつ煮込み専門店　沼田

もつ煮込み 塩柚子胡椒仕立て

材料（1回の仕込み量）
- 牛ほほ肉 …… 1kg
- ※白センマイ …… 100〜150g
- 水 …… 2ℓ
- 玉ネギ …… 200g

調味料A
- 本だし（顆粒）…… 60g
- 酒 …… 60g
- 味醂 …… 110g
- うま味調味料 …… 10g
- 塩 …… 9g
- ニンニク …… 20g
- 柚子胡椒 …… 80g
- 黒胡椒 …… 5ふり

※白センマイ

グレーの皮を丁寧に洗って白くする、い志井の名物商品「白センマイ」。薄いヒダの部分は「白センマイ刺」として提供し、肉厚の土台部分は焼物などに活用。塩もつ煮込みも、この土台部分を使う。

作り方

1 大きい鍋で牛ほほ肉を下茹でする。計3回茹でこぼし、2回目の時は香味野菜やくず野菜などを加えて茹でる。3回茹でこぼすことで肉の臭みをなくしていく。

2 白センマイを下茹でする。大きめの鍋で2回茹でこぼしておく。

3 玉ネギは粗みじん、ニンニクもみじん切りにしておく。1、2も食べやすい大きさに切り分けておく。

4 鍋に水2ℓを入れ、牛ほほ肉、白センマイを入れて火にかける。

5 4を熱する間、フライパンで玉ネギを炒める。ゆっくり透明になるまで炒めたら、4に加える。→ **Point 1**

6 調味料Aとみじん切りにしたニンニク、柚子胡椒を加えて混ぜる。

7 沸騰したらアクを丁寧に取り除きながら火を止める。黒胡椒をふりかけ、そのまま常温で冷ましておく。→ **Point 2**

8 注文が入ったら、7を人数分、小鍋に入れて加熱する。ここで味を確かめ、塩が足りないようなら足し、塩気が強すぎるようなら水で薄めるなどして最終的に味を決める。ひと煮立ちしたら器に注いで提供。

Point

1 炒めた玉ネギを加えることで甘みが加わり、尖った塩の味を緩和させる働きがある。

2 沸騰直後は塩味がきつく、尖った味わい。だが、冷ましていく過程でホルモンの肉にスープの塩味が浸み込み、まろやかで食べやすくなる。

もつ煮込み　醤油仕立て

材料（1回の仕込み量）
　※牛盲腸 …… 1500 g
　※牛フワ …… 300 g
　※豚チレ …… 500 g
　※赤センマイ …… 1200 g
　※マルかす …… 適宜
　水 …… 7ℓ
　生姜 …… 35 g
　ニンニク …… 22 g

調味料A
　┌ 本だし（顆粒）…… 100 g
　│ 酒 …… 100 g
　│ 味醂 …… 100 g
　└ うま味調味料 …… 20 g

調味料B
　┌ 味醂 …… 735 g
　│ 濃口醤油 …… 600 g
　│ 淡口醤油 …… 135 g
　│ 砂糖 …… 75 g
　│ 塩 …… 20 g
　└ コリアンダー …… 5ふり

作り方

1 大きな鍋に、各ホルモンと水、生姜、ニンニクを入れて沸かし、アクを取り除く。15分ほど煮込みながら、出てくるアクや脂をすべてきれいに取り除く。→**Point 1**

2 調味料Aを加えていく。鍋を沸かして酒、味醂のアルコールをしっかり飛ばす。

3 調味料Bを加える。ひと煮立ちしたら火を止めて、冷ましておく。→**Point 2**

4 注文が入ったら、**3**を人数分、小鍋に入れて加熱。ひと煮立ちしたら器に注いで提供。醤油が焦げつかないように注意すること。

Point

1 沸騰すると、アクや脂が2 cmくらいの層となって大量に出てくる。これらは臭みの原因となるので念入りに取り除くこと。

2 「塩柚子胡椒仕立て」と同様、冷ましていく過程でホルモン類に味が浸み込み、味の調和がとれるようになる。

※各ホルモン類の仕込み

盲腸やフワ（肺）などは、希少価値があり利益率が高い一方、扱いづらい部位。仕込みの段階で掃除や下茹でを徹底しないと臭みが出てしまう。手間を惜しまないことが付加価値につながっている。

牛盲腸

たっぷりの湯で2回茹でこぼす。1回目は1時間かけて下茹でし、2回目は香味野菜やくず野菜を入れて、2時間かけて下茹でする。済んだら食べやすい大きさに切り分ける。

牛フワ

フワの表面につく膜をはがし、ひと口大のサイコロ状に切り分ける。内部に入り組んでいる気管の管や血管、スジなどをきれいに掃除すること。切り分けたフワは2時間下茹でしておく。

豚チレ

15分ほど下茹でをし、中まで火が入ったらひと口大に切り分けておく。

赤センマイ

赤センマイの仕込みは「もつじゃが」（P12）を参照。

マルかす

マルかすは、牛丸腸の串焼きを仕込む際に出る端材の脂のこと。これをある分だけもつ煮に加える。丸腸は30分ほどボイルしたものを使用している。

焼肉トラジ本店

㈱トラジ　総料理長
竹山重次氏

1995年、東京・恵比寿で創業以来、当時としては珍しかった
厚切り焼肉を提案するなど、焼肉業界に新風を吹き込んできた『焼肉トラジ　本店』。
現在は焼肉トラジ業態58店舗、『焼肉ビストロ　牛印』などの
別ブランドを11店舗展開する。㈱トラジ総料理長の竹山重次氏に、
内臓肉を使ったカルパッチョやアヒージョなど、
多彩なホルモン料理を提案してもらった。

センマイのカルパッチョ

牛　センマイ　　参考売価　750円

きちんと下処理したセンマイは臭みがなく、ジェノベーゼソースやパルミジャーノとの相性もよい。歯応えを生かしてカルパッチョにすれば、泡や白ワインをすすめる冷菜として提供できる。ヒダの部分の歯切れ、膜の部分の弾力を生かしてカットし、ソースとのなじみをよくするため必ず下味をつける。

牛ハツとマッシュルームのハーブアヒージョ

| 牛 | ハツ | 参考売価　800円 |

時短&手間なしで人気のアヒージョを独特の食感のハツで作る。内臓肉のクセを感じさせないよう、ローズマリーパウダーをまぶし、ローズマリーの枝でオイルにも爽やかな香りを移す。ハツのほか、具材はマッシュルームのみでも、大きくカットすることで食べ応えのある一品に仕上がる。

牛テールとキュウリの細巻き

| 牛 | テール | 参考売価　800円 |

定番のコムタンスープのだしを取った後の牛テール肉を活用。骨の周りについた肉を丁寧にほぐせば、コンビーフのように様々な料理に展開できる。ここでは、キュウリとたくわんを芯にしたさっぱりとした細巻きにたっぷりのせ、つまみになるすしに。ほぐした牛テール肉は薬味醤油でしっかり和え、コクと辛味のマヨコチュソースですすめる。

センマイのカルパッチョ

材料（1人前）
　センマイ（下処理したもの）…… 60g
　塩、黒胡椒、オリーブオイル …… 適量
　ジェノベーゼソース …… 30g
　オリーブオイル …… 適量
　パルミジャーノ・レッジャーノ …… 5g
　ミニトマト …… 適量
　松の実 …… 適量
　黒胡椒 …… 適量

作り方

1 センマイのヒダとヒダの間に庖丁を入れ、食べやすい大きさにサク取りする。

2 ヒダの部分は5mm幅の細切りに、膜の部分は1cm幅の細切りにする。ボウルに入れ、塩、黒胡椒、オリーブオイルで和えて下味をつける。→**Point**

3 ジェノベーゼソースをオリーブオイルでのばしておく。

4 器に**2**のセンマイを盛り、カットしたミニトマトをのせ、**3**のソースをかける。パルミジャーノ・レッジャーノをすりおろしながらかけ、松の実を散らし、黒胡椒をふる。

Point

ヒダの部分の歯切れ、膜の部分の弾力を生かし、カットの仕方を変える。

牛ハツとマッシュルームの ハーブアヒージョ

材料（1人前）
　牛ハツ …… 80〜100g
　ローズマリーパウダー …… 2g
　マッシュルーム …… 2個
　ガーリックオイル …… 大さじ1
　（刻んだニンニクをオリーブオイルに漬け込んだもの）
　オリーブオイル …… 60cc
　ローズマリー（フレッシュ）…… 1枝
　塩 …… 1つまみ
　黒胡椒 …… 3ふり

作り方

1 牛ハツは表面の膜を取り除き、ひと口大にカットし、ローズマリーパウダーをまぶす。→**Point**

2 マッシュルームは汚れを落とし、2つに切る。

3 鍋にガーリックオイルとオリーブオイル、フレッシュのローズマリー、塩を入れて弱火にかける。

4 **3**にハツとマッシュルームを入れて煮る。別に提供用の土鍋を火にかけて温めておく。

5 グツグツと煮立ったら土鍋に移し、黒胡椒をふる。

Point

ローズマリーの香りでクセを和らげ、女性客にも喜ばれるつまみに。

牛テールとキュウリの細巻き

材料（1人前）
　牛テール肉（ボイルしたもの）…… 50g
　※薬味醤油 …… 10g
　ご飯 …… 60g
　すし酢 …… 2cc
　いりゴマ …… 2g
　焼き海苔 …… 1/2枚
　キュウリ（細切り）…… 15g
　たくわん（細切り）…… 15g
　マヨコチュソース …… 10g
　（マヨネーズとコチュジャンを同割で混ぜ合わせたもの）
　長ネギ（小口切り）…… 適量

3 細巻き用の巻きすに焼き海苔を重ね、奥側の海苔を残して手前からすし飯を広げ、中心にキュウリ、たくわんをのせる。これを芯にして巻きすできっちりと巻き、細巻きにする。

4 3を6つに切って器に盛り、上に1の牛テールをたっぷりとのせ、マヨコチュソースをかけ、小口ネギを散らす。

※薬味醤油

材料（作りやすい分量）
　長ネギ（刻んだもの）…… 少々
　ニラ（刻んだもの）…… 少々
　濃口醤油 …… 大さじ1
　ゴマ油 …… 小さじ2
　酢 …… 小さじ2
　うま味調味料 …… 少々
　おろしニンニク …… 少々
　胡椒 …… 少々
　煎りゴマ …… 少々
作り方
　すべての材料をよく混ぜ合わせる。

Point

焼肉の端材を甘辛く煮て具にするなど、具の変化でバリエーションも広がる。

作り方

1 牛テール肉はコムタンスープを取った後のものを使用。骨についている肉をほぐし、薬味醤油で和える。→**Point**
2 温かいご飯にすし酢を回しかけて酢を切り、いりゴマを混ぜ合わせ、すし飯を作る。

タン先やタンスジなど歯応えのある部分を活用し、タンの挽き肉カレーに。カレーは専門店もあり、家庭の味もあるため、"焼肉店ならでは"の商品にするには独自性が必要とされる料理だ。キーマカレーなら珍しさもあり、焼肉店のシメのカレーに取り入れやすい。ウスターソースや醤油のほか、焼肉のタレを隠し味にしても美味。

牛タンキーマカレー

牛 タン　　　参考売価　2500円〜

焼肉コースの一品や裏メニューとして
"牛カツ"人気が高まっている。ここで提
案するのは茹でタンを使った"タンカツ"。
あらかじめボイルする手間は必要だが、
ヒレなどの部位を使うよりコスト的には
有利だ。さらに、タンの柔らかさがパン
になじみ、ホットサンドにすれば、お土
産にも向く一品に。

牛 ミノ　　　参考売価　900円〜

ミノの身の薄い部分を用い、ひと手間か
けて南蛮漬けに。さっぱりとした酢の味
が焼肉の合間の口直しに喜ばれ、油の
コクも加わっているので酒の肴にも向く。
南蛮漬けは保存がきくので、仕込み置き
もできる利点もある。酢の配合はまろや
かにしているが、漬け込む時に追いガツ
オをするとさらに味わいが増す。

牛タンカツサンド

ミノの南蛮漬け

牛タンキーマカレー

材料（7〜8人分）
　牛タン挽き肉 …… 250g
　牛脂 …… 50g
　サラダ油 …… 大さじ3
　ニンニク（みじん切り）…… 1片分
　生姜（みじん切り）…… 1かけ分
　玉ネギ（みじん切り）…… 1個分
　カレーパウダー …… 大さじ2
　トマトホール缶 …… 1缶（400g）
　塩、黒胡椒 …… 各適量
　ウスターソース …… 大さじ2
　醤油 …… 大さじ1
　ガラムマサラ …… 小さじ1
　●仕上げ用
　ご飯 …… 1膳分
　卵黄 …… 1個
　ミニトマト、パクチー …… 各適量

作り方

1 牛タンはタン先やタンスジなどを活用し、挽き肉にする。牛脂も挽き肉にする。→**Point**
2 鍋にサラダ油を熱してニンニク、生姜を入れて炒め、香りが出てきたら玉ネギを加えて炒める。

3 玉ネギがしんなりとしたら**1**の挽き肉を加えて炒め合わせる。肉に火が通ったらカレーパウダーを入れてなじませ、トマトホール缶を加え、塩、黒胡椒で味を調え、水分を飛ばしながら煮込む。

4 汁気がなくなってきたら、ウスターソース、醤油で味を調え、ガラムマサラを加えて軽く煮込む。
5 ご飯の上に盛り、卵黄をのせ、カットしたミニトマト、パクチーを添える。

Point

タンだけでは足りないコクや風味は、和牛の脂で補う。

牛タンカツサンド

材料（1人前）
　牛タン（ボイルしたもの）…… 2カット
　塩、黒胡椒 …… 各適量
　小麦粉、溶き卵、パン粉 …… 各適量
　揚げ油 …… 適量
　食パン …… 4枚
　辛子マヨネーズ …… 適量
　※ソース …… 適量

※ ソース

材料（作りやすい分量）
　赤ワイン …… 大さじ2
　ウスターソース …… 大さじ2
　ケチャップ …… 大さじ2
　ハチミツ …… 小さじ1/2
　バター …… 3g
作り方
赤ワインとウスターソース、ケチャップを鍋に合わせて火にかけ、ひと煮立ちしたらハチミツ、バターを入れて溶かす。

作り方

1 牛タンは皮をむいて柔らかくボイルしたものを用意し、スジを落として1.5cm幅の厚みにカットする。

2 **1**に塩、黒胡椒をふって下味をつけ、小麦粉、溶き卵、パン粉の順につけ、170〜180℃の揚げ油で揚げる。
3 食パンをトーストし、片面に辛子マヨネーズをぬる。

4 2の衣がからりと揚がったら取り出し、油を切り、
ソースをたっぷりとくぐらせ、**3**の食パンにのせる。
もう一枚の食パンを重ねて軽く押さえ、耳を切り
落とし、器に盛る。→**Point**

Point

ソースをどぶ漬けにすることでカリッとトーストした
食パンによくなじむ。

ミノの南蛮漬け

材料（1人前）
　ミノ …… 100g
　塩、黒胡椒 …… 各適量
　小麦粉 …… 適量
　揚げ油 …… 適量
　玉ネギ（薄切り）…… 1/2個分
　人参（細切り）…… 1/4本分
　※南蛮酢 …… 適量
　タカノツメ（小口切り）…… 適量
　カツオ節 …… 適量

> **※南蛮酢**
>
> 　**材料**（割合）
> 　　だし …… 7
> 　　酢 …… 3
> 　　薄口醤油 …… 1
> 　　味醂 …… 1
> 　　砂糖 …… 0.5
> 　**作り方**
> 　　材料を鍋に合わせて火にかけ、沸
> 　　いたら火を止める。

作り方

1 ミノは身の薄い部分を使用。身の厚い部分は焼き
材にする。繊維を断ち切るように表面に斜めに細
かく庖丁を入れ、裏側も薄膜を切るように細かく
庖丁を入れる。これを約2cm幅のそぎ切りにする。

2 1に塩、黒胡椒をふって下味をつけ、小麦粉を薄
くまぶし、170℃〜180℃の揚げ油でキツネ色にな
るまで揚げる。

3 揚げている間に南蛮酢を火にかけて温めておく。

4 バットなどに玉ネギ、人参を入れ、上に**2**のミノ
をのせ、**3**の熱々の南蛮酢をかけ、タカノツメを
散らす。ガーゼに包んだカツオ節を入れて追いガ
ツオにし、1日冷蔵庫で漬け込む。→**Point**

5 提供時に器に盛る。

Point

揚げたてのミノを温かい南蛮酢に漬けることで、味が
よく染み込む。

モツ酒場 kogane

（コガネ）

モツを使ったつまみと純米酒の燗酒、
ナチュラルワインを楽しませる居酒屋として 2019 年にオープン。
鮮度抜群のホルモンを素材にする料理は、
総料理長の山口高志氏のベースであるイタリア料理の
調理法や調味料をも取り入れたアイデアにあふれたもので、
絶妙なバランスで居酒屋メニューに落とし込む。
店は山口氏の元で経験を積んだ児玉順平氏が
仕込みから営業までを取り仕切る。

総料理長
山口高志氏（左）　　店長
児玉順平氏（右）

白い牛スジ煮込み

ランブレドット（フィレンツェ風もつ煮込み）

牛 スジ肉・アキレス腱　　600円

ホロホロとほどける牛スジにプルプルのアキレス腱、さらには飲み干すにちょうどよい旨み深い煮汁が魅力で、大人気の一品。牛スジは焼酎で煮込むことで柔らかく、風味もよくなるという。煮上がりの時間に差がある牛スジとアキレス腱、大根と人参を別々に仕込み置きし、直前に白醤油で味を決めて煮合わせることで、煮汁がすっきりと仕上がる。

牛 ギアラ　　参考売価 700 円

後からじんわりとくる辛さがクセになるギアラの煮込み。系列の店舗はイタリアンというだけあって、調理法や調味料使いなど要所要所にイタリア料理の要素が散りばめられる。このもつ煮込みにも、イタリアのペースト状の辛口サラミを調味料として使用。じっくり炒めた野菜やアンチョビなど複雑な旨みも加味し、味わい深く仕上げている。

白い牛スジ煮込み

材料（2人前）
- ※牛スジ（煮込んだもの）…… 500g
- ※※アキレス腱（茹でたもの）…… 125g
- 大根（茹でたもの）…… 適量
- 人参（茹でたもの）…… 適量
- 白醤油 …… 適量

●仕上げ用
- 白い牛スジ煮込み …… 300ml（レードル3杯分）
- 白ネギ（小口切り）…… 適量
- 万能ネギ（小口切り）…… 適量
- 黒胡椒 …… 適量

作り方

1 鍋に牛スジを取り、食べやすく切ったアキレス腱を加え、ひたひた程度の水を注ぎ、大根、人参を加えて火にかけ、白醤油を加える。

2 器に白ネギをのせておき、**1**が沸いたら汁ごと盛り、万能ネギを散らし、黒胡椒をたっぷり挽き入れる。
→ **Point 1**

※牛スジの仕込み

材料
- 牛スジ …… 5kg
- 焼酎 …… 2ℓ
- 生姜、ネギ …… 各適量

作り方

1 鍋に牛スジを入れて焼酎を注ぎ、生姜とネギを加えて火にかけ、沸いたらアクを取り、弱火で3時間ほど煮込む。→ **Point 2**

2 牛スジが柔らかくなったら火を止め、生姜やネギは取り除き、あら熱がとれてから煮汁ごと保存容器に入れて冷蔵保存する。

※※アキレス腱の仕込み

アキレス腱は茹でこぼしてから、たっぷりの水で5時間ほどかけて茹でる。柔らかくなったら火を止め、茹で汁ごと保存容器に入れて冷蔵保存する。

Point

1 牛スジ煮込みにネギを混ぜ込んでしまうと、ネギの風味が強く出すぎるため、器の下に敷いておく。

2 焼酎で煮込むのは牛スジを柔らかく煮上げるため。

ランブレドット
（フィレンツェ風もつ煮込み）

材料（1人前）
- ※ギアラの煮込み …… 100g
- パルミジャーノ、オリーブオイル …… 適量
- 栃尾揚げ …… 1/2 枚
- イタリアンパセリ …… 適量
- 黒胡椒 …… 適量

作り方

1 ギアラの煮込みを小鍋に取って温め、パルミジャーノ、オリーブオイルを加えてよく混ぜ合わせる。

2 栃尾揚げの両面を炭火で炙り、半分に切って器に盛る。

3 栃尾揚げの上に**1**をのせ、パルミジャーノ、イタリアンパセリを散らし、黒胡椒をミルで挽きかける。

作り方

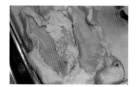

1 ギアラは鮮度のよいものを使い、塩でもみ洗いし、さらに薄力粉でもんで流水でよく洗い、水から茹でて一度茹でこぼす。→**Point 1**

2 **1**のギアラを長ネギの頭やローリエ、白ワインを加えて5〜6時間茹でる。

3 ギアラが十分柔らかくなったら茹でこぼし、冷ましてから細切りにする。

4 鍋にギアラと煮汁の材料を入れ、20〜30分煮込む。

※ギアラの仕込み

材料
- 上ギアラ …… 1kg
- 薄力粉、塩 …… 適量
- 長ネギの頭、ローリエ、白ワイン …… 各適量

煮汁
- 玉ネギ、人参、セロリを炒めたもの →**Point 2** …… 200g
- アンチョビ …… 40g
- ニンニク …… 2片
- ※※ンドゥイヤ（辛口のペーストサラミ） …… 90g
- 白ワイン …… 食材の半量程度
- イタリアンパセリ …… 適量

※※ンドゥイヤ

イタリア・カラブリア州発祥の辛口のペースト状のサラミ。スパイシーな味でパスタやピッツアの調味料としても使われる。

Point

1 ギアラ特有の臭みは塩、薄力粉の2段階で取ることで煮上がりの味がすっきりとする。

2 野菜は先にじっくりと炒めて甘みや旨みを出しておくことで、煮汁の味が深まる。

レバー最中

レバニラ

🐄 牛 レバー　　　　　　850円
サクサクと軽く揚げたレバーにニラソースをたっぷりかけた"レバニラ"。鮮度のいいレバーはスライスしてからマリネすることで、味をしっとりとなじませる。ニラソースは醤油ベースで酢やハチミツ、イタリアの魚醤・ガルムなどを加え、複雑味のある味にし、レバーのねっとりとした甘さとの調和を図っている。

🐄 牛 レバー　　　　　2個600円
レバーの甘さにフルーツの甘さが合うと、レバームースにあんぽ柿のコンポートを重ねて最中に。コンポートの間にはクリームチーズとバターを練り合わせて挟み、とことん濃厚でリッチな味わいを目指した。ムースにはコクを高めるため、バターや生クリームのほか、常温に戻したラードを使用。コンポートにもアマレットと白ワインをふんだんに使う。芳醇な日本酒にもよく合う。

レバー最中

材料（1人前）
　※レバームース …… 適量
　最中の皮 …… 1個分
　※※あんぽ柿のクリームサンド …… 適量
　あんぽ柿コンポートの生姜 …… 適量

作り方
1　最中の皮にレバームースを塗る。
2　1に適当な大きさに切ったあんぽ柿のクリームサンドをのせ、コンポートの生姜をのせ、最中で蓋をする。

※レバームース

材料
　レバー …… 1kg
　牛乳 …… 適量
　塩 …… 15g
　胡椒 …… 2g
　※※※キャトルエピス …… 4g
　ホワイトポートワイン …… 45g
　バター …… 100g
　ラード …… 250g
　卵黄 …… 8個
　生クリーム …… 350g
　板ゼラチン（水で戻したもの）
　　…… 1枚

作り方
1　レバーは膜を切り取り、血管を抜き、牛乳に1時間ほど漬ける。
2　水気を拭き取り、塩、胡椒、キャトルエピス、ホワイトポートワインをまぶし、ひと晩おく。
3　2のレバーと常温に戻したバターとラード、卵黄、生クリーム、板ゼラチンを合わせてミキサーにかけ、裏漉しにかける。
4　バットに3を流し入れ、150℃のオーブンで湯煎にかける。1時間ほどかけて芯温が68℃になったら急冷する。→**Point**
5　保存容器に移し、表面が乾かないようラップをかけて冷蔵保存する。

※※あんぽ柿の
###　　クリームチーズサンド

材料
　あんぽ柿 …… 10個
コンポート液
　┌　水 …… 400g
　│　グラニュー糖 …… 100g
　│　アマレット …… 50g
　│　白ワイン …… 200g
　│　八角 …… 2個
　│　バニラビーンズ …… 1本
　│　生姜（せん切り） …… 50g
　└　レモン（くし形切り）…… 1/2個分
　クリームチーズ …… 適量
　バター …… 適量

作り方
1　鍋にコンポート液の材料を合わせて火にかけ、沸いたら火を止める。

2　熱いうちに種を抜いたあんぽ柿を漬け込み、ひと晩おく。
3　クリームチーズとバターを常温に戻し、クリームチーズ1に対し、バター2の割合で混ぜ合わせる。
4　保存容器に汁気を取った2のあんぽ柿の半量を敷き、3のクリームチーズを平らに塗り、残りのあんぽ柿を重ね、ぴっちりとラップをかぶせて重石をし、冷蔵保存する。

※※※キャトルエピス

ジンジャーパウダー、クローブパウダー、ナツメグパウダー、黒胡椒を各同割で混ぜ合わせたもの。

Point

高温で火を入れると均一に火が入らず、ぼそぼそとした食感になってしまうため、湯煎にかけて柔らかく火を入れる。

レバニラ

材料（1人前）
　レバー（掃除したもの）…… 150g
　マリネ液
　┌ 酒 …… 100g
　│ 醤油 …… 100g
　│ おろし生姜 …… 30g
　└ おろしニンニク …… 30g
　薄力粉 …… 適量
　片栗粉 …… 適量
　サラダ油 …… 適量
　※ ニラソース …… 適量
　黒胡椒 …… 適量

作り方
1 レバーは掃除したものを用意し、大きくそぎ切りにする。→**Point**

2 保存容器にレバーを並べ、マリネ液を注ぎ入れ、ひと晩マリネする。

3 マリネしたレバーの汁気を拭き取り、薄力粉2に対して片栗粉1の割合で合わせた粉をまぶし、200℃に熱したサラダ油で揚げる。

4 表面がカリッとしたら取り出し、油を切って器に盛り、ニラソースをかけ、黒胡椒を挽きかける。

Point
レバーは火が入りすぎると口当たりが悪くなるため、判を大きく厚みを持たせてカットする。

※ ニラソース

材料
　ニラ …… 4束
　おろしニンニク …… 80g
　おろし生姜 …… 50g
　醤油 …… 300g
　ゴマ油 …… 80g
　白ゴマ …… 80g
　ガルム …… 30g
　米酢 …… 30g
　ハチミツ …… 50g
　白胡椒 …… 少々
作り方
　ニラは細かく刻み、他の材料を加えて混ぜ合わせ、ひと晩寝かせて味をなじませる。

プリプリの茹で上げの牛小腸とギアラを温かいうちに酢醤油に漬け、すぐに提供。温かいホルモンの脂が甘く、さっぱりとした酢醤油との相性も絶妙で、ホルモン好きを魅了する。小腸だけでもおいしいが、食感の違うホルモンも味わってもらいたいとギアラと組み合わせた。小腸、ギアラともに小麦粉と塩でもみ込んで丁寧に洗う掃除をすることで、臭みなく、真っ白に仕上げる。

ぷるぷる酢モツ

牛 ハツモト　　　　650円

サメのナンコツに歯応えが似ているという発想のもと、梅水晶にコリコリとしたハツモトを合わせ、モツ酒場ならではの珍味に。梅水晶とのなじみを考慮し、ハツモトは格子状に隠し庖丁を入れ、酒と梅干し、香味野菜を加えたクールブイヨンに浸した状態で湯煎にかけて火入れする。梅干しを加えることで、ハツモトに梅の風味がつき、梅水晶との味のバランスもとれる。

モツ梅水晶

ぷるぷる酢モツ

材料（1人前）
　牛小腸 …… 150 g
　ギアラ …… 50 g
　薄力粉、塩 …… 適量
　※酢醤油 …… 60 g
　大根おろし …… 15 g
　柚子の皮 …… 適量
　白ネギ（小口切り） …… 10 g
　万能ネギ（小口切り） …… 適量

作り方

1 牛小腸とギアラはそれぞれ薄力粉と塩でもんで汚れを取り、流水で水が透明になるまで洗い、水気を取る。

2 牛小腸はひと口大に切り、ギアラはサク取りしてからひと口大に切る。

3 鍋に湯を沸かし、牛小腸とギアラを入れ、1分40秒ほど茹でる。

4 ボウルに酢醤油、すりおろした柚子の皮、大根おろし、白ネギを入れておく。

5 **3**が茹で上がったら湯を切り、熱いうちに**4**に漬けて混ぜ合わせ、器に盛り、万能ネギを散らす。

※酢醤油

材料
　米酢 …… 200 g
　薄口醤油 …… 150 g
　濃口醤油 …… 50 g
　おろし生姜 …… 20 g
　おろしニンニク …… 20 g
　一味唐辛子 …… 2 g
作り方
　材料をすべて混ぜ合わせる。

モツ梅水晶

材料（1人前）
　※ハツモト（茹でたもの）…… 30g
　※※梅水晶 …… 15g
　梅肉 …… 小さじ1
　トビコ …… 適量
　大葉（刻んだもの）…… 適量
　赤ワインビネガー …… 適量
　ガルム（魚醤）…… 適量
　ハチミツ …… 適量

作り方

1 茹でたハツモトを細切りにする。

2 ボウルにハツモト、梅水晶、梅肉、トビコ、大葉
　を入れて混ぜ合わせ、赤ワインビネガー、ガルム、
　ハチミツを少量ずつ加えて味を調え、器に盛る。

※ハツモトの仕込み

材料
　ハツモト …… 適量
　塩 …… 適量
茹で汁
　┌ 水 …… 適量
　│ 酒 …… 適量
　│ 梅干し …… 適量
　│ セロリの葉や茎 …… 適量
　│ 玉ネギ（ざく切り）…… 適量
　│ イタリアンパセリ …… 適量
　│ ローリエ …… 適量
　└ 粒白胡椒 …… 適量

作り方
1 ハツモトは塩でもんで臭みを取
　り、流水で洗って水気を取る。
2 適当な大きさに切り、格子状に隠
　し庖丁を入れる。

3 バッグにハツモトを入れ、水と酒、
　茹で汁の他の材料も入れ、きっち
　り封をして60℃の湯に40分ほど
　漬けておく。→ **Point**

Point

茹で汁の中でゆっくり火を入れるこ
とで、ハツモトがしっとりと食べや
すい食感に仕上がる。香味野菜の
他に梅干しを加えることで、クセも
抜け、梅の風味もつき、梅水晶との
相性もよくなる。

※※梅水晶

サメのナンコツを加熱処理し、梅肉
と和えたもの。

牛ハチノスの酢味噌和え

🐄 牛　　ハチノス　　　　　　　　　　800円

ジェノベーゼ風味のポテトサラダに酢味噌和えのハチノスがのる、一皿で多彩な味の変化が楽しめるホルモン料理。イタリアでポピュラーなトリッパのサラダと、センマイ刺しの酢味噌和えを組み合わせたらおもしろいのではないかという発想を、ハチノスを使って実現した。狙い通り、ジェノベーゼと酢味噌という意外性のある組み合わせが、ハチノスをさっぱりと食べさせる。

牛 ハツ　　　　　　　　800 円

コリコリとした食感が特徴的なハツのた
たきを香りが独特なパクチーとサラダに。
個性的な素材に合わせ、調味料にも特
有の香り、旨み深い塩味を持つ魚醤を使
用。パリッとさせた野菜も加え、全体を
よくなじませることで味がまとまる。

牛ハツのタタキと
パクチーのヤム風サラダ

牛ハチノスの酢味噌和え

材料（1人前）
牛ハチノスの酢味噌和え
[※ハチノス（茹でたもの）60g
[※※酢味噌 …… 適量
※※※ポテトサラダ …… 100g
赤玉ネギ（スライス）…… 適量
クレソン …… 2～3枝
※※※※ジェノベーゼソース …… 適量
EXVオリーブオイル …… 適量

作り方
1 ハチノスは湯通しして温め、水気を拭き取り、酢味噌で和える。
2 ポテトサラダは湯煎にかけて温め、ジェノベーゼソースを加えて混ぜ合わせ、水にさらした赤玉ネギとちぎったクレソンを加えてざっくり混ぜる。
3 器に2を盛り、1のハチノスをのせ、EXVオリーブオイルを回しかける。

※ ハチノスの仕込み

材料
ハチノス …… 2kg
玉ネギ、人参、クローブ、ローリエ、パセリの茎、粒黒胡椒 …… 各適量
作り方
1 ハチノスは流水でよく洗い、水から茹でて茹でこぼす。これをもう一度繰り返す。→**Point**
2 皮側に隠し庖丁を入れてから鍋に入れ、たっぷりの水を注ぎ、玉ネギ、人参、クローブ、ローリエ、パセリの茎、粒黒胡椒を加えて7時間ほど茹でる。途中、浮いてくるアクを取り、水が少なくなったら足す。

3 茹で上がったらザルに上げ、サク取りして食べやすい大きさに切り、保存容器に入れて冷蔵保存する。

Point
ハチノスは臭みの強い部位のため、2回茹でこぼすことで臭みを取る。

※※ 酢味噌

材料
穀物酢 …… 50g
西京味噌 …… 100g
ハチミツ …… 50g
作り方
材料を混ぜ合わせてなめらかにする。

※※※ ポテトサラダ

材料
メークイン …… 2個
いんげん …… 200g
塩、白胡椒 …… 各適量
オリーブオイル …… 適量
レモンオイル …… 適量
ホワイトバルサミコ酢 …… 適量
マヨネーズ …… 適量
作り方
茹でたメークインといんげんを混ぜ合わせ、塩、白胡椒、オリーブオイル、レモンオイル、ホワイトバルサミコ酢、マヨネーズで味を調える。

※※※※ ジェノベーゼソース

材料
バジル …… 50g
グレープシードオイル …… 150g
オリーブオイル …… 50g
レモン果汁 …… 適量
作り方
バジルとグレープシードルオイル、オリーブオイルにレモン果汁を少量加え、ミキサーにかけてなめらかにする。

牛ハツのタタキと
パクチーのヤム風サラダ

材料（1人前）
　牛ハツ …… 80 〜 90g
　塩、白胡椒 …… 各適量
　※コラトゥーラ（魚醤）…… 適量
　ゴマ油 …… 適量
　キュウリ（せん切り）、赤玉ネギ（せん切り）、
　　セロリ（せん切り）…… 各適量
　パクチー …… 適量
　※※魚醤ドレッシング …… 適量
　いり白ゴマ …… 適量

作り方

1 牛ハツはスジや太い血管の入っている部分を取り
　除き、約200gの塊にサク取りする。

2 塩、白胡椒をふり、炭火の焼き台にのせ、表面を
　返しながら炙る。

3 炙ったハツを細切りにし、塩、白胡椒、コラトゥー
　ラ、ゴマ油を少量ずつ加えて下味をつける。

4 ボウルに水にさらしたキュウリと赤玉ネギ、セロリ、
　4〜5cm長さに切ったパクチー、**3**のハツを入れ、
　魚醤ドレッシングを加えてしっかり和える。

5 器に盛り、いり白ごまをひねりながら散らす。

※ コラトゥーラとガルム

どちらもイタリア産の魚醤で、右側
のコラトゥーラはイタリアの伝統的
な製法で造られたもので、より風味
が強い。左側のガルムはドレッシン
グに使用する。

※※ 魚醤ドレッシング

材料（割合）
　※ガルム（魚醤）…… 1
　レモン汁 …… 1
　オリーブオイル …… 2
　ハチミツ …… 適量
　塩、白胡椒 …… 各適量

白センマイとクルミのサラダ

牛　センマイ　　　　　　　　　　　　700円

まるでジェノベーゼのようなセンマイのサラダ。丁寧に洗い上げることでセンマイは臭みがなくなり、独特の歯応えがシャキシャキとした生野菜ともマッチ。爽やかな香りのバジルやレモン、食欲をそそるニンニクなど、しっかり混ぜ合わせていくことで全体が調和する。

牛 胸腺 750円

仔牛からしか取れない希少部位 "リードヴォー" のかき揚げ。衣に包まれたリードヴォーのフワフワとした食感、ミルキーな肉質、トウモロコシの甘さが魅力となり、格の高い一品に。塩、黒胡椒と羊乳のチーズのまろやかな塩味で肉の味を引き出す。

リードヴォーとトウモロコシのかき揚げ

白センマイとクルミのサラダ

材料（1人前）
　※白センマイ …… 60〜70g
　人参 …… 1/5本
　キュウリ …… 1/2本
　セロリ …… 1/2本
　塩、白胡椒 …… 各適量
　パルミジャーノ …… 大さじ1と1/2
　※※バジルオイル …… 適量
　※※※レモンドレッシング …… 適量
　※※※※ニンニクオイル漬け …… 適量
　クルミ（ロースト）…… 適量
　パルミジャーノ …… 適量

作り方
1 キュウリ、人参、セロリをせん切りにし、水にさらして水気を切っておく。

2 ボウルに仕込んでおいた白センマイ、キュウリ、人参、セロリを合わせ、塩、白胡椒、パルミジャーノ、バジルオイル、レモンドレッシング、ニンニクオイル漬けを加えてしっかり和える。

3 器に盛り、ローストしたクルミをつぶしながら散らし、パルミジャーノをふる。

※白センマイの仕込

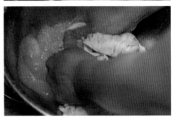

作り方
1 白センマイはたっぷりの塩をまぶしてよくもみ、流水で丁寧に洗い、細かい汚れや臭みを取る。写真の白センマイは1.5kg。
2 水気を取り、ヒダの部分を重ねてせん切りにする。

※※バジルオイル

バジルにオリーブオイルを加えてミキサーで回す。

※※※レモンドレッシング

オリーブオイル2に対し、レモンの絞り汁1の割合で合わせる。

※※※※ニンニクオイル漬け

みじん切りにしたニンニクを素揚げにし、オリーブオイルに漬ける。

リードヴォーと
トウモロコシのかき揚げ

材料（1人前）
　リードヴォー（仔牛の胸腺）…… 80g
　トウモロコシ（茹でてばらしたもの）…… 40g
　塩、黒胡椒 …… 各適量
　薄力粉 …… 適量
　天ぷら衣（水溶き天ぷら粉）…… 適量
　ペコリーノ・ロマーノ …… 適量
　揚げ油 …… 適量

作り方

1 リードヴォーは水にさらしてから掃除し、ポーション分けしてひと口大にカットする。

2 ボウルにリードヴォーを入れ、塩、黒胡椒をふって味をなじませ、茹でたトウモロコシを加える。薄力粉をふり入れ、全体にまぶしてから天ぷら衣を入れ、リードヴォーとトウモロコシにからめる。

3 **2**を四角く切ったオーブンシートの上にのせ、180℃の油にそっと入れる。揚げているうちにシートがはずれてくるのではずす。→**Point**

4 衣が色よくカリッとなったら油から取り出し、油を切る。

5 器に盛り、塩、黒胡椒をふり、ペコリーノ・ロマーノを削りかける。

Point

オーブンシートの上にのせて油に入れることで、かき揚げの形がきれいに整う。

柔らかいタン元を厚切りにし、西京味噌に漬け込んで炭火で焼き上げる。ジューシーなタンの旨みに味噌の甘さが相まって、燗酒との相性は抜群。炭火で香ばしく焼ける味噌もまたご馳走。苦みのあるクレソンのサラダを上にのせ、多彩な味わいの変化で楽しませる。

牛タン西京味噌焼き

谷中生姜の
牛タン巻き

 牛　タン　　　　　　　　　　　　　700円

噛み応えのあるタン先を薄くスライスして食べやす
く、香りのいい谷中生姜を巻いてさっぱりとした焼き
物に。タンにはあらかじめタレで下味をつけ、谷中
生姜を手に持ってそのまま食べてもらう趣向。タレは
もろみ味噌を加えたまろやかな味に作っている。

牛タン西京味噌焼き

材料（1人前）
　※ 牛タンの味噌漬け …… 2カット
　クレソンのサラダ
　┌ クレソン、マッシュルーム、大葉 …… 各適量
　│ レモンドレッシング …… 適量
　│ 塩、白胡椒 …… 各適量
　└ EXV オリーブオイル …… 適量
　パルミジャーノ …… 適量

作り方

1　味噌床からタンを取り出し、味噌をつけたまま炭火で焼く。味噌が焦げやすいため、遠火で両面を焼く。→**Point**
2　クレソンは食べやすい長さに切り、マッシュルームはスライスし、大葉は細かく切る。ボウルに合わせ、レモンドレッシング、塩、白胡椒、EXV オリーブオイルを加えてざっくり和える。
3　タンが焼き上がったらそぎ切りにして器に盛り、**2**のサラダをのせ、パルミジャーノをふりかけて仕上げる。

Point

酒がすすむよう、味噌はつけたまま焼き上げる。

※牛タンの味噌漬け

材料（1回の仕込み量）
　牛タン …… 1本
　西京味噌床
　┌ 西京味噌 …… 適量
　└ 醤油、味醂 …… 各適量
作り方

1　牛タンは裏側のスジをはずし、皮をすき取る。

2　タン元の白い脂の入った部分を使い、1〜2cm程度の厚切りにする。
3　西京味噌を醤油、味醂でのばす。

4　厚切りにしたタンの両面に**3**の味噌をたっぷりとぬり、保存容器に重ね、2〜3日漬け込む。

谷中生姜の牛タン巻き

材料（1人前）
　※ タン先（スライス）…… 12枚
　※※ タレ …… 適量
　谷中生姜 …… 4本
　ソース
　　※※ タレ …… 適量
　　バター …… 適量
　　黒胡椒 …… 適量

作り方

1 谷中生姜1本に対し、タン3枚を使う。谷中生姜
　は掃除しておき、根の部分にタンを巻きつける。
2 炭火で焼き上げ、器に盛る。

3 小鍋にタレを熱し、煮つめてからバターでモンテ
　し、黒胡椒をふってソースにし、**2**にかける。

※ タン先の仕込み

1 タンはタン先の部分を使い、薄く
　スライスする。

2 バットにスライスしたタンを並べ、
　タレをかけ、ラップで覆い、冷蔵
　保存しておく。

※※ タレ

材料（割合）
　醤油 …… 1
　味醂 …… 1
　酒 …… 1
　もろみ味噌 …… 適量
作り方
　醤油と味醂、酒を合わせて沸か
　し、もろみ味噌を加える。瓶に入
　れ、保存しておく。

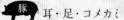 豚　耳・足・コメカミ　　　　　　　800円

豚肉、鶏肉をベースに牛乳、生クリームを加えて作る"ブーダンブラン"を、マッシュルームの旨みあふれるソースで一皿に。モツ酒場ならでは豚コメカミや豚足、豚耳をふんだんに使い、クリーミーさの中にも風味や食感に力強さを持たせた。マッシュルームの濃厚さ、付け合わせのゴボウの香りもまた印象深い。

ブーダンブラン（白いソーセージ）

ミックスホルモンと
野菜の鉄板焼き

牛 小腸・ギアラ・テール・ハツ　　800円

4種類の個性の違うホルモンを取り合わせ、モヤシやニンニクの芽、九条ネギと炒め合わせる気取りのない一皿。とはいえ、それぞれのホルモンの食感や風味を最大限に生かすため、カットや焼き方を工夫する。牛小腸やギアラは焼きちぢみするため大ぶりに、脂から焼くと脂が出すぎてしまうため、皮側から焼く。仕上げに回しかけるニンニク醤油の香りがまた他のお客からの注文を呼ぶ。

ブーダンブラン
（白いソーセージ）

材料（1人前）
- ※ ブーダンブラン …… 1本
- ※※ マッシュルームのソース …… 適量
- ゴボウの素揚げ …… 適量
- 塩 …… 適量

作り方
1 ブーダンブランを湯で温めてから、ソテーして表面をパリッとさせる。
2 マッシュルームのソースを温める。
3 器にマッシュルームのソースを敷き、ブーダンブランをのせ、素揚げにしたゴボウに塩をふって飾る。

※ ブーダンブラン

材料（約20本分）
- 豚耳 …… 240g
- 豚足 …… 240g
- 玉ネギ …… 3個
- 牛乳 …… 適量
- 豚コメカミ挽き肉 …… 1.2kg
- 鶏ムネ挽き肉 …… 1kg
- 白胡椒 …… 6g
- キャトルエピス …… 2g
- コリアンダー …… 2g
- 塩 …… 45g
- 生クリーム …… 450g
- 卵白 …… 400g
- 豚腸 …… 適量

作り方
1 豚耳と豚足は掃除し、水から茹でて茹でこぼしてから、3時間ほど茹でて柔らかくする。
2 玉ネギはひたひたの牛乳で煮て、柔らかくなったらミキサーにかける。

3 1の豚耳と骨をはずした豚足、2を熱いうちに合わせ、フードプロセッサーにかけ、冷ます。
　→ **Point 1**

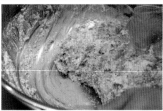

4 大きなボウルに豚コメカミと鶏ムネ肉の挽き肉、冷ました **3**、白胡椒、キャトルエピス、コリアンダー、塩を入れ、よく練り混ぜる。

5 粘りが出てきたら生クリームを加えてさらに練り混ぜ、よく混ざったら卵白を入れて練り混ぜる。

6 豚腸を戻しておき、**5**の生地を1本150gになるようにぴっちりと詰め、両端をねじり留める。1本ずつラップで包み、冷凍保存する。
　→ **Point 2**

Point
1 豚足と豚耳はフードプロセッサーにかけて細かくする。一緒に牛乳で煮た玉ネギと合わせることで生地とのなじみがよくなる。
2 豚挽き肉は肉の食感を感じてもらうため、10mmの粗挽きにしたものを使用。冷凍保存では水分が飛んでしまうため、2～3日で使い切る分を冷蔵保存。

※※ マッシュルームのソース

材料
　玉ネギ（スライス）…… 1個分
　マッシュルーム（スライス）……500g
　白ワイン（フランベしたもの）
　　…… 適量
　ブロード …… 適量
　生クリーム …… 150g
　塩、胡椒 …… 適量
　オリーブオイル …… 適量

作り方
1 鍋にオリーブオイルを熱し、玉ネギを入れて炒め、透き通ってきたらマッシュルームを加えて炒め合わせ、白ワイン、ブロード、生クリームを加える。
2 軽く煮つめてから塩、胡椒で味を調え、ミキサーで回す。

ミックスホルモンと野菜の鉄板焼き

材料（1人前）
　牛小腸 …… 100g
　ギアラ …… 30g
　ハツ …… 30g
　テール（骨からはずしたもの）…… 30g
　ニンニクの茎 …… 20g
　モヤシ …… 80g
　塩、黒胡椒 …… 各適量
　※ ニンニク醤油 …… 適量
　ゴマ油 …… 適量
　サラダ油 …… 適量
　九条ネギ（斜め切り）…… 10g

※ ニンニク醤油

醤油にスライスしたニンニクを漬け、風味をつけたもの。

作り方
1 盛り付け用のスキレットをオーブンで熱しておく。
2 牛小腸とギアラは掃除したものを大きめのひと口大に切る。→ **Point 1**

3 ハツは塊から切り出し、周りの膜を切り取り、ひと口大に切る。→ **Point 2**
4 テールは肉の部分を骨からはずし、ひと口大に切る。
5 牛小腸、ギアラ、ハツ、テールをボウルに合わせ、塩、黒胡椒、ニンニク醤油、ゴマ油を加えてもみ込む。

6 フライパンを熱してサラダ油を熱し、牛小腸とギアラの皮側から焼く。焼き目がついたらひっくり返し、ニンニクの茎、テールを入れて炒め合わせる。→ **Point 3**

7 焼き色がついてきたらハツ、モヤシを加えてあおり混ぜ、塩、黒胡椒、ニンニク醤油で味を調える。→ **Point 4**

8 熱しておいたスキレットに盛り、九条ネギをのせる。

Point

1 牛小腸とギアラは焼きちぢみするため、大きめのカットにする。
2 ハツは色が変わりやすいため、使う直前に切り出す。
3 脂側から焼く脂が溶け出してしまい、香ばしさが半減してしまうので、皮側にきっちり焼き目をつけてから脂側を焼く。
4 ハツは焼きすぎるとパサついてしまうので、最後に加えてさっと火を通す。

テールスープのチャンポン麺

牛 テール 1200円

上にのせる具はネギだけというシンプルさながら、圧倒的な満足感でお客を感動させるシメのチャンポン。8時間かけて煮出した濃厚なテールスープと、それを受け止めるチャンポン麺の取り合わせは、この両者でないと成立しないという。麺は大阪の多田製麺所から打ち立てを取り寄せる。煮出したスープは骨をはずし、肉ごと保存しておき、注文ごとに温める。

テールスープのチャンポン麺

材料（1人前）
　※テールスープ …… 100g
　塩 …… 適量
　白ネギ（小口切り）…… 適量
　白醤油 …… 適量
　水 …… 適量
　チャンポン麺（生麺）…… 1玉（100g）
　万能ネギ（小口切り）…… 適量
　黒胡椒 …… 適量

作り方

1 小鍋にテールスープを取って火にかけ、塩、白ネギ、
　白醤油で味を調え、水を加えてゆるめる。
2 チャンポン麺を5分茹でる。
3 茹でたチャンポン麺の水を切って**1**に加え、全体
　をなじませて火を止め、万能ネギを散らし、黒胡
　椒を挽き入れる。

※テールスープの仕込み

材料
　テール …… 5本分
　青ネギ …… 5本分
　生姜（スライス）…… 50g

作り方

1 テールは適当な大きさに切ったも
　のを仕入れる。脂の部分を切り
　分けて鍋に入れ、水を加えて火
　にかけ、沸いたら茹でこぼす。

2 鍋に茹でこぼしたテールと切り分
　けた脂を入れ、たっぷりの水と青
　ネギ、生姜を加えて火にかける。
　沸いたらアクを引き、8時間ほど
　煮出す。途中、水が少なくなった
　ら足し、脂をつぶしながら煮出す。
3 ザルにあけてスープを漉し取り、
　青ネギと生姜を取り除く。テール
　の骨をはずしてスープに戻し、ス
　ープごと保存容器に入れ、冷蔵
　保存する。

fujimi do 243

<ruby>fujimi<rt>フジミ</rt></ruby> <ruby>do<rt>ドウ</rt></ruby>

オーナーシェフ
渡邊マリコ 氏

2018年オープンとまだ若い店ながら、
渡邊マリコシェフの作るモツイタリアンとロゼワインの豊富さにファンが定着。
"ホルモン"のイメージとはまったく違う、
繊細でクセのない味わいがプロからも注目される。
そうしたシェフ仲間とのつながりは、
静岡県伊豆の国市のブランド豚「天城黒豚」の仕入れにもつながった。
店に電話を置かず、予約はSNSのメッセージのみで受ける。

コッパディテスタ

タンの煮込み
クリームソース

🐷 顔・タン　　参考売価 1600円

豚の顔をとろとろと煮込んで作る、イタ
リア版フロマージュドテッド。ゼラチン質
の旨みが凝縮された味わいは濃厚で、た
とえひと口であっても満足感は高い。顔
とタンを一緒に白ワイン、香味野菜でゆ
っくり煮込み、肉を柔らかく、旨みを抽出。
煮汁は別にギリギリまで煮詰め、テリー
ヌ型の中で肉に戻し入れる。ここにオレ
ンジピールをたっぷりと混ぜ込み、柑橘
の香りと苦みを味のアクセントに。

🐷 タン　　参考売価 1000円

柔らかく煮込んだタンにクリームソース、
紫玉ネギの蒸し煮。スモーキーカラーを
重ねたシックな色合いが魅力。タンは白
ワインや香味野菜、八角を加えて煮込む
ことで風味よく。煮詰めた生クリームに
煮詰めた煮汁をだしとして加えてソース
にし、タンの旨みを余すところなく伝え
る一皿に。仕上げにレモンピールをおろ
しかけても、レモン果汁を少し絞っても
味が引き締まる。

コッパディテスタ

材料（1人前）
- ※コッパディテスタ（1.5cm厚さ）…… 2カット
- **洋梨と白菜のサラダ**
  - 洋梨（ルクチェ）、和白菜、クレソン、エンダイブ、クルミ …… 各適量
  - フレンチドレッシング …… 適量
- タスマニアマスタード …… 適量
- 塩、黒胡椒 …… 各適量

作り方

1 コッパディテスタをテリーヌ型から取り出し、1.5cm程度の厚みにカットする。

2 細切りにした洋梨とちぎった和白菜、クレソン、エンダイブを合わせて器に盛り、フレンチドレッシングをかけ、クルミを散らす。

3 カットしたコッパディテスタを盛り、塩、黒胡椒をふり、タスマニアマスタードを添える。

※**コッパディテスタ**

材料（1回の仕込み量）
- 豚の顔（半割にし、掃除したもの）……1/2頭分
- タン……1/2本
- **煮込み用**
  - 白ワイン …… 100ml
  - 塩 …… 20g
  - 粒黒胡椒 …… 20粒
  - セロリ …… 1本
  - 人参（半割にする）…… 小1本
  - 玉ネギ（半割にする）…… 1個
  - 生姜（厚切りスライス）…… 1片分
  - ニンニク（スライス）…… 1片分
  - 八角 …… 1個
- 塩 …… 2g
- 黒胡椒 …… 4g
- オレンジの皮 …… 1個分
- ディル …… 8g

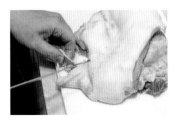

1 豚の顔は半割にし、掃除した状態で仕入れる。まぶたの部分に残っている毛を切り取る。

2 鍋に**1**の豚の顔とタンを入れ、水をたっぷり注いで火にかけ、沸いたら茹でこぼし、水洗いする。

3 鍋に**2**の顔とタンを並べ、白ワイン、塩、粒黒胡椒、セロリ、人参、玉ネギ、生姜、ニンニク、八角を入れ、材料がかぶる程度の水を加えて強火にかける。沸いたらアクを引き、キッチンペーパーをかぶせ、火を弱めて4時間ほど煮込む。→**Point 1** **Point 2**

4 金串を刺してみてスッと通るまで柔らかくなったら火を止め、顔とタンを煮汁から取り出す。熱いうちにタンの皮をむき、カットしやすいよう冷ましておく。→**Point 3**

5 煮汁を漉して鍋に取り、煮詰めていく。

6 タンと顔が充分に冷めたら、1.5cm角程度にカットしてボウルに入れ、塩と黒胡椒で味を調え、オレンジの皮をすりおろし、ディルをちぎり入れて混ぜ合わせる。→**Point 4**

7 ラップを敷いたテリーヌ型に**6**を詰め、煮詰めた煮汁をひたひたになるまで注ぎ、ラップをかぶせ、同じテリーヌ型を重石にして、ひと晩冷やし固める。

Point

1 セロリの青いスジの部分はえぐみが強いため、ピーラーでむき取る。

2 表面が乾いてしまうと肉が硬くなってしまうので、キッチンペーパーで落とし蓋をして煮汁が全体に回るようにする。

3 タンは煮込んでおくと、冷凍保存ができ、いろいろな料理に応用できる。

4 豚の顔やタンの脂が溶け込んでいるので、オレンジの皮は多めに入れ、爽やかな香りをプラスする。中の果肉は薄皮を切り離し、ブランデーで煮てコッパディテスタの添え物にしてもいい。

タンの煮込み クリームソース

材料（1人前）
タンの煮込み（「コッパディテスタ」P62参照）…… 1/2本
クリームソース
生クリーム …… 52g
タンの煮汁（「コッパディテスタ」P62参照）…… スプーン2杯分
バター …… 2～3g
※紫玉ネギの蒸し煮 …… 適量
塩、黒胡椒 …… 各適量
クレソン …… 適量
EXVオリーブオイル …… 適量

※紫玉ネギの蒸し煮

材料
紫玉ネギ …… 適量
塩、オリーブオイル …… 各適量
作り方
薄切りにした紫玉ネギを鍋に入れ、塩とオリーブオイルを加えて蓋をしてじっくり蒸し煮にする。蓋をすることで紫玉ネギの甘みが引き出される。

作り方

1 タンの煮込みを薄くスライスし、器に盛る。

2 鍋に生クリームを入れて火にかけ、とろみがついてくるまで煮詰め、タンの煮汁を加え、バターでモンテする。

3 タンの上に軽く塩、黒胡椒をふり、クリームソースをかけ、紫玉ネギの蒸し煮をのせる。ソースにEXVオリーブオイルを回しかけ、クレソンを飾る。

「つなぎ」の分割

「天城黒豚」は静岡県伊豆の国市の金子畜産が生産する豚で、「肉の味が濃く、脂がおいしい」と渡邊シェフはイベント時などに仕入れる。タンからレバーまでがひと続きの「つなぎ」で入ってくるので、まずはタン、ノドナンコツ、フワ（肺）、ハツ（心臓）、レバー（肝臓）、横隔膜（ハラミ・サガリ）に分割する。

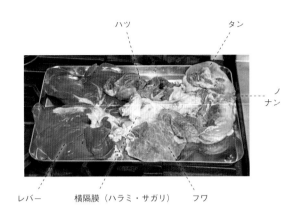

ハツ　タン　ノドナンコツ　レバー　横隔膜（ハラミ・サガリ）　フワ

①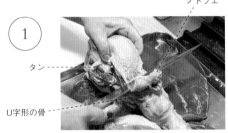

ノドブエ　タン　U字形の骨

タンをはずす。タンのつけ根とノドブエ（声帯）の間から庖丁を入れ、タンを持ち上げながら間にあるU字形の骨からナンコツに沿って切り進め、タンを切り離す。

②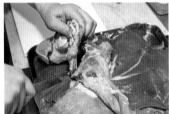

ワッカ　フワ

ノドナンコツをはずす。まず、フワとワッカ（気管）を切り離す。膜に覆われているので、膜を切り開いてからワッカの根元で切り離す。

③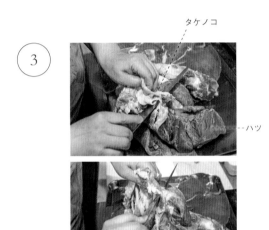

タケノコ　ハツ

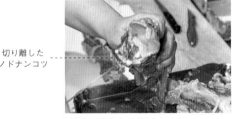

切り離したノドナンコツ

同様に膜を切り開きながら、ハツにつながっているタケノコ（大動脈）の根元を切り離す。切り離したノドナンコツは別に細かく分割する。

④

ハツ

ハツをはずす。横隔膜（ハラミ・サガリ）を持ち上げ、ハツに沿って膜との間に庖丁を入れ、ハツを取り出す。

⑤

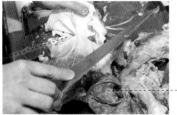
横隔膜
（ハラミ・サガリ）
フワ

フワと横隔膜を切り離す。横隔膜を手で引っ張りながら、フワとの際の膜に庖丁を入れ、膜をはがしていく。反対側のフワも同様にする。

⑥

横隔膜
レバー

レバーから横隔膜を切り離す。横隔膜を手で引っ張りながら、レバーの際のところに庖丁を入れ、膜を切り離す。横隔膜の中にハラミとサガリがある。

⑦

「つなぎ」から分割したノドナンコツ、ハツ、フワ、レバー、タン。ここからさらに掃除して使っていく。フワは小腸などと一緒に煮込み料理にすることが多い。タンは柔らかく茹でてから使用。ノドナンコツはさらに細かく分割する（→ P80）。

豚 タン 　　参考売価 1500円

豚タン1本の根元から先まで、食感や味わいの違いを楽しませる、ボリューム感も魅力のカツレツ。時間をかけて煮上げたタンはすっとナイフが入る柔らかさで、見た目よりもずっと繊細な味わい。野菜の旨みの詰まったグリーンソースで味を変えながら、最後まで飽きなく食べられる。

豚舌のカツレツ

レバー赤ワイン煮のグリル

豚　レバー　　　参考売価　1800円

レバーはマリネ、赤ワイン煮、グリルと
工程を重ね、しっとりとしながら香ばし
さも味わってもらう。マリネ液には、少
し甘めの味噌を使用。味噌を使うことで
レバーのクセが抜け、風味がよくなるか
らだ。赤ワインに八角、生姜、唐辛子を
加えてスパイシーに、ハチミツの甘さで
コクを出し、特有の甘さを引き出しなが
ら煮る。グリルで仕上げることを考慮し、
この段階では火を通しすぎない。

豚舌のカツレツ

材料（1人前）
　※ 茹でた豚タン …… 1/2 本
　塩、黒胡椒 …… 各適量
　強力粉 …… 適量
　溶き卵、グラナパダーノ（粉チーズ）…… 各適量
　デュラム小麦のセモリナ粉（粗目）…… 適量
　ブレンドオイル …… 適量
　バター …… 適量
　※※ ロマネスコ、かぶのマリネ …… 適量
　豚タンの煮込み汁 …… 適量
　ニンニクオイル …… 適量
　グラナパダーノ、カイエンペッパー、パプリカパウダー
　　　…… 各適量
　※※※ グリーンソース …… 適量

作り方

1 フライパンにブレンドオイルを入れ、火にかける。

2 カットしたタンの片面に塩、黒胡椒をふり、強力
　粉をたっぷりつけてから余分な粉を落とし、グラ
　ナパダーノを混ぜた溶き卵にくぐらせ、セモリナ粉
　をまぶす。→ **Point 1** **Point 2**

3 熱したオイルに **2** を入れ、衣がカリッとするよう
　揚げ焼きにする。下面に色がついてきたら裏返し、
　バターを加える。オイルを回しかけながら焼き、
　衣に色がついたらキッチンペーパーの上に取り、
　油を切る。

4 器に **3** を盛り、ロマネスコとかぶのマリネを添える。

5 煮こごり状になった豚タンの煮込み汁を小鍋に取
　り、火にかけて煮つめ、ソースにしてかける。→ **Point 3**

6 グラナパダーノ、ニンニクオイル、カイエンペッパー、
　パプリカパウダーを順にかけ、グリーンソースを添える。

※茹でた豚タン

材料（1回の仕込み量）
豚タン …… 6本
煮汁
- 玉ネギ（ざく切り）…… 300g
- 人参（ざく切り）…… 150g
- セロリ（ざく切り）…… 70g
- ローリエ …… 1枚
- 八角 …… 3g
- ニンニク …… 10g
- 白ワイン …… 300g
- 塩 …… 23g

作り方

1 鍋に豚タンを入れ、たっぷりの水を注いで火にかけ、沸いたら茹でこぼす。

2 1のタンを鍋に並べて煮汁の材料を入れ、ひたひた程度の水を注いで火にかける。沸いたらアクを丁寧に取り除き、キッチンペーパーをかぶせて落とし蓋にし、約4時間煮込む。

3 煮込んだタンは熱いうちに皮をむく。皮をむいたらあら熱をとり、ラップで包んで冷蔵保存する。煮込んだ汁はキッチンペーパーで漉し、別に冷蔵保存する。タンは使う寸前にカットする。

※※ロマネスコ、かぶのマリネ

ロマネスコとかぶは食べやすい大きさに切り、グリルして焼き目をつけ、タイム、ローズマリーを加えたオイルに1日漬け込む。

※※※グリーンソース

材料
- イタリアンパセリ …… 30g
- ケッパー …… 140g
- グリーンオリーブ …… 136g
- ニンニクアッシェ …… 50g
- 塩 …… 8g
- オリーブオイル …… 90g

作り方

材料をすべて合わせてフードプロセッサーで回す。

Point

1 タンの形が複雑なので、打ち粉をたっぷりつけてから余分な粉を落とすことで、衣のつきがよくなる。

2 セモリナ粉がなければ、ドライパン粉を細かくして使用。細かい方が油の切れがよくなる。

3 旨みの溶けだした煮込み汁をソースに活用。

4 タンをカツレツにすると、根元は柔らかく、先の方はカリッとした食感になる。この違いを楽しんでもらうため、タンは縦半分にカットする。

レバー赤ワイン煮のグリル

材料（1人前）

※レバーの赤ワイン煮 …… 130 g

野菜のグリル
- ゴボウ（半割り）…… 7〜8cm分
- 赤カブ（くし形切り）…… 1/4個分
- ズッキーニ（輪切り）…… 2カット
- 人参（くし形切り）…… 2カット

塩、オリーブオイル …… 各適量

黒胡椒 …… 適量

ローズマリー …… 適量

作り方

1 グリル板にゴボウ、赤カブ、ズッキーニ、人参を
のせ、塩、オリーブオイルをかけて焼き目がつくま
で焼く。

2 レバーの赤ワイン煮を切り出し、半分にカットし、
表面に塩、オリーブオイルをかけ、グリル板で全
面に焼き目をつける。→**Point 1**

3 グリルした野菜を器に盛り、レバーをさらにスライ
スして盛り、黒胡椒をふり、オリーブオイルを回し
かける。刻んだローズマリーを散らす。

※レバーの赤ワイン煮

材料（1回の仕込み量）

レバー …… 1370g

マリネ液
- 味噌 …… 50 g
- 白ワイン …… 200 g
- 玉ネギ（ざく切り）…… 70 g

煮汁
- 赤ワイン …… 適量
- ハチミツ …… 13 g
- 塩 …… 5 g
- ニンニク …… 5 g
- 生姜 …… 9 g
- 唐辛子 …… 1本
- 八角 …… 2個

作り方

1 レバーは房をつないでいるスジを
丁寧に切り取り、4つの房に分け、
中に通っている血管を引き抜き、
扱いやすい適当な大きさに切る。

2 味噌を白ワインで溶きのばし、マ
リネ液を作る。

3 ボウルにレバーを入れ、マリネ液
を注ぎ、玉ネギを加えて1〜2時
間ほど漬け込む。→**Point 2**

4 マリネしたレバーを水洗いして鍋
に入れ、赤ワインをひたひた程度
に注ぎ、ハチミツ、塩、ニンニク、
生姜、唐辛子、八角を入れて火
にかける。

5 レバーが煮汁から出ないようキッ
チンペーパーで蓋をし、沸いたら
レバーを裏に返してキッチンペー
パーをかぶせて火を止め、余熱
で火を通す。

6 バットに上げ、乾かないようラップをかける。あら熱がとれたら冷蔵保存する。

Point

1 焼きすぎるとパサついてしまうので、火の入り方をみて火加減を調節する。

2 レバーの臭みを取るため、マリネに味噌を使う。ここでは信州味噌を使っているが、甘めの白味噌が合う。漬け込みすぎると味噌の味が入ってしまうので注意する。

ザクザクとしたガツとねばねば野菜をハニーマスタードで和えた、夏向きの酒肴。モロヘイヤ、つるむらさき、オクラと夏野菜が出始めるとメニューにのせている。ガツはクセをとるため、香味野菜と一緒に茹で上げ、野菜の甘い香りを移す。フランボワーズビネガーで酸味を、カイエンペッパーでピリッと味を引き締める。砕いたクルミ、粒マスタード、ピンクペッパーで口当たりに変化をつけ、軽やかながら味わいは楽しい。

ガツのマリネ

ハチノスのカルパッチョ風

 牛　ハチノス　　　　　　　参考売価　800円

香味野菜でさっぱりと煮たハチノスをカルパッチョ仕立てに。クセを和らげつつ、内臓肉の香りを残すポイントは煮汁に漬けたままで冷まし、さらにひと晩漬け込むこと。この時間に煮汁に溶け込んだハチノスの味や香りが身に戻る。オイリーさを補うためのオイルはEXV オリーブオイルとブレンドオイルを使い、香りが強くなりすぎないようにする。

ガツのマリネ

材料（1人前）

　※ ガツ（茹でたもの）…… 62 g

　ハニーマスタード

　　タスマニア産粒マスタード …… 13 g
　　ハチミツ …… 4 g
　　醤油 …… 少量

　モロヘイヤ …… 13 g

　つるむらさき …… 27 g

　オクラ …… 1本

　塩 …… 適量

　ビネグレット …… 20 g

　クルミ（ローストしたもの）…… 9 g

　フランボワーズビネガー …… 少量

　EXV オリーブオイル …… 5 g

　カイエンペッパー …… 適量

　酢 …… 適量

　ピンクペッパー …… 適量

作り方

1 マスタードとハチミツ、隠し味程度の醤油を混ぜ
　合わせてハニーマスタードを作る。

2 ガツは半分に開き、サク取りして細切りにする。

3 モロヘイヤとつるむらさきを塩を入れた熱湯で茹
　でて水に取り、水気を絞って食べやすい長さに切
　る。オクラは塩でもんで産毛を取り、斜め切りに
　する。

4 ボウルに **3** を入れて軽く塩をし、ビネグレットを
　加えて混ぜ合わせ、**2** のガツ、**1** のハニーマスター
　ドを加えて混ぜる。

5 ローストしたクルミを砕き入れ、フランボワーズビ
　ネガー、EXV オリーブオイルを加え、粘りが出る
　まで混ぜ合わせ、カイエンペッパー、酢で味を調
　える。→**Point 1**

6 器に盛り、ピンクペッパーをつぶしながら散らす。

※ ガツの仕込み

材料

　ガツ …… 一頭分
　人参（薄切り）…… 1本分
　玉ネギ（ザク切り）…… 1個分
　セロリ（薄切り）…… 1/2本分
　ローリエ …… 1枚
　塩 …… 適量

1 鍋にガツとたっぷりの水を入れ、
　水から火にかけて沸かし、アクが
　出たら茹でこぼし、流水で水洗い
　する。→**Point 2**

2 鍋にガツを入れ、たっぷりの水を
　注いで火にかける。沸いたらアク
　を取り、人参、玉ネギ、セロリ、
　ローリエを入れ、塩を少量加える。

3 沸いてきたらキッチンペーパーを
　かぶせて落とし蓋にし、2時間ほ
　ど茹でる。→**Point 3**

4 茹で上がったら茹で汁から上げ、水分を切って冷まし、表面をラップで覆い、冷蔵保存する。

Point

1 野菜のねばねばでガツをさっぱりと食べさせる料理。カイエンペッパーの辛味、酢の酸味を利かせることで夏向きの料理になる。

2 ガツは内側に臭みがあるので、臭みを抜くよう丁寧に水洗いする。

3 ガツは表面が乾いてしまうと、肉が硬くなってしまうので、茹で汁から出ないようキッチンペーパーで蓋をしておく。

ハチノスのカルパッチョ風

材料（1人前）

※煮込んだハチノス …… 50g
塩、黒胡椒 …… 各適量
ブレンドオイル、EXV オリーブオイル …… 各適量
レモン …… 適量
グラナパダーノ …… 適量
ミント …… 適量
ピンクペッパー …… 適量

作り方

1 煮込んだハチノスをサク取りしてから、薄いそぎ切りにして皿に並べる。→Point 1

2 塩をして黒胡椒をミルで挽きかけ、2種類のオイルをかける。レモンを絞りかけ、グラナパダーノをふりかけ、ミントをちぎってのせ、ピンクペッパーをつぶしながらかける。→Point 2

※牛ハチノスの仕込み

材料（1回の仕込み量）
牛ハチノス…3kg
玉ネギ…1個
セロリ…2/3 本
人参…1/3 本
ニンニク…1片分

作り方

1 牛ハチノスは茹でこぼす。鍋に入れてたっぷりの水を張り、適当な大きさに切った玉ネギ、セロリ、人参、ニンニクを加えて3時間ほど煮る。

2 野菜を取り除き、煮汁に漬けた状態で冷まし、そのまま冷蔵庫でひと晩おく。→Point 3

Point

1 ハチノスは薄く切ることで食べやすく、味もなじみやすくなる。

2 EXV オリーブオイルのみにすると、香りが強すぎるため、ブレンドオイル（オリーブオイルとひまわりオイルをブレンド）をあわせて使う。

3 煮込んだ汁に漬けておくことで、煮汁に溶け出したモツの香りが身に戻る。

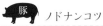 ノドナンコツ　　　　　　　　　参考売価 350円

ナッツや生姜、ライムを角切りにして、パイチャプルーの葉で包んで食べるタイの"ミヤンカム"をノドナンコツで再現。タイではスーパーでミヤンカムセットが売られているほどポピュラーで、スナック感覚で食べられている。ノドナンコツもコリコリ、ゴリゴリと歯応えの楽しい部位。食べやすく細かく刻み、甘酸っぱいタマリンドの煮汁で煮て、エゴマの葉で包み、おつまみとして食べてもらう。

ナンコツのタマリンド煮エゴマ包み

 牛 ハツ　　　　　　　　　　　　　参考売価　1900円

内臓肉の中でもクセの少ない牛ハツを使い、多彩な野菜で巻き込んで食べるサラダ。ハツは特有の血の香りを生かすよう、塩を強めに利かせ、風味よくマルサラ酒でソテーする。味のポイントはカイエンペッパーの辛味。食べてピリッと辛さが残るくらいにふり、ワインとの相性を高める。

牛ハツの
タリアータ
手巻きサラダ

ナンコツのタマリンド煮
エゴマ包み

材料（1人前）

※ ナンコツのタマリンド煮 …… 6〜7g
生姜（コンカッセ）…… 少量
アーモンド（砕いたもの）…… 少量
ライム（薄切り）…… 少量
ミントの葉 …… 2〜3枚
エゴマの葉 …… 1枚

作り方

1 器の上にエゴマの葉を広げ、ナンコツのタマリンド煮をのせ、生姜、アーモンド、ライム、ミントの葉をのせる。

※ **ナンコツのタマリンド煮**

材料（1回の仕込み量）
ノドナンコツ（刻んだもの→P80参照）…… 300g
タマリンド …… 1個
ブレンドオイル …… 18g
ニンニク（みじん切り）…… 6g
唐辛子 …… 1本
塩 …… 2g
スイートプラムソース …… 4g
ナンプラー …… 10g
砂糖 …… 2g
作り方

1 ノドナンコツは分割し、細かく刻んだものを用意する。

2 ボウルにザルを重ねて適量の水を入れ、タマリンドを漬ける。柔らかくなったら木べらで果肉を水に漉し入れる。

3 鍋にブレンドオイルを入れて火にかけ、ニンニク、唐辛子を入れ、香りが出たら**1**を入れて炒め、塩で味を調える。

4 火が通ったら、**2**のタマリンドの水を入れ、中弱火で煮詰める。途中、アクを取り除く。

5 煮汁が煮詰まってきたらスイートプラムソース、ナンプラー、砂糖を加え、汁気がなくなるまで煮詰める。

6 あら熱がとれたら密閉容器に入れ、冷蔵保存する。

牛ハツのタリアータ
手巻きサラダ

材料（1人前）
　牛ハツ …… 100g
　塩 …… 適量
　ブレンドオイル …… 適量
　マルサラ酒 …… 適量
　サニーレタス、トレビス、エンダイブ、
　　人参（スライス）、紅くるり大根（スライス）
　　　…… 各適量
　パルミジャーノ …… 適量
　カイエンペッパー、パプリカパウダー …… 各適量
　EXV オリーブオイル …… 適量
　セルフィーユ …… 適量

作り方
1 牛ハツは表面の脂や硬いスジを取り、牛乳にひた
して血抜きしたものを用意する。

2 ソテーしやすいよう均等の厚みでサク取りし、塩
をふり、ブレンドオイルを熱して両面をソテーする。
→ **Point 1**

3 焼き色がついたら取り出し、余熱で火を通す。

4 フライパンに残った焼き汁にマルサラ酒を加え、
残った旨みをこそげ、少し煮てアルコールを飛ば
してソースにする。

5 **3** を薄くスライスし、味を見て、塩が足りない場合
は塩を足す。

6 皿にサニーレタスを4枚敷き、それぞれトレビス、
エンダイブを重ね、人参、紅くるり大根を飾り、**5**
のハツを盛る。バットに残ったハツのジュと **4** のソー
スをかけ、すりおろしたパルミジャーノ、カイエ
ンペッパー、パプリカパウダー、EXV オリーブオ
イルを順にふりかけ、セルフィーユを飾る。
→ **Point 2**

Point
1 ハツは火を通しすぎると硬くなるので、ある程度
塊でソテーする。焼き汁の旨みをソースに活用する。
2 サニーレタスで野菜ごと巻いて食べてもらう。

ノドナンコツの仕込み

「つなぎ」から分割したノドナンコツは、さらにノドブエ（声帯）、ドーナツ（気管先端部）、ワッカ（気管）、シキン（食道）、タケノコ（大動脈）に分ける。それぞれ硬さは違うが、食感が楽しい部位。渡邊シェフは細かくきざんで「ナンコツのタマリンド煮」（→ P76）に使用する。飼育日数の長い「天城黒豚」は通常の豚より、軟骨が硬いため、食べられる硬さか判断しながら仕込んでいく。さらに、歯当たりをよくするため、隠し庖丁を入れてから刻むのがポイントになる。

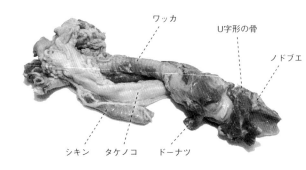

ワッカ　　　　U字形の骨

ノドブエ

シキン　　タケノコ　　ドーナツ

まず、ノドナンコツからU字形の骨とノドブエを切り離す。続いて、ノドブエの周りの脂や肉をむき取りながら、U字形の骨をはずす。

タケノコを切り離す。膜でシキンとつながっているので、シキンを持ち上げながら膜を切り、タケノコを切り離す。

シキンを切り離す。ワッカに沿って膜を切り開き、ドーナツの部分は庖丁を寝かせてそぎ取るようにしてシキンをはずす。

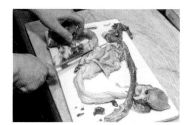

ワッカを膜から切り離す。膜で覆われた部分を切り開き、膜からワッカを切り取る。

分割したシキン、ノドナンコツ、タケノコ、ノドブエ。

膜や脂が残っていると口当たりに影響するため、丁寧に取り除く。ぬめりも臭みの元になるため、ペーパータオルを使って拭き取る。

分割したノドナンコツを刻んでいく。ノドナンコツをドーナツとワッカに切り分け、ドーナツの軟骨についている肉を切り出す。軟骨は硬いので、肉をはずしたほうが刻みやすい。このとき、軟骨が硬すぎる場合は肉のみ使う。同様にノドブエ部分も刻む。

タケノコは周りの脂や膜を丁寧に取り除き、縦に切り開く。内側のぬめりを取り、隠し庖丁を入れてから、細かく刻む。

シキンは周りの膜を取り除き、適当な長さに切って縦に切り開く。内側のぬめりを丁寧に拭き取り、両面に細かく隠し庖丁を入れてから刻む。

ワッカは適当な長さに切り、縦に切り開く。血が残っていると臭みの元になるので、丁寧にぬめりや血を拭き取り、細かく隠し庖丁を入れてから刻む。

すべてを刻んだ状態。U字形の骨やノドブエ、ドーナツの周りの肉も細かく刻んで使う。

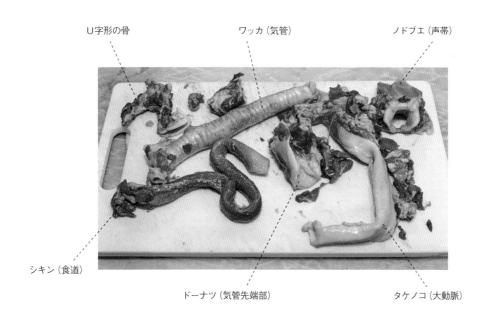

U字形の骨　　ワッカ（気管）　　ノドブエ（声帯）

シキン（食道）

ドーナツ（気管先端部）　　タケノコ（大動脈）

チレと網脂のカリカリ焼き野菜ソース

豚　チレ・網脂　　　　　参考売価 550円

チレは豚の脾臓で、内臓の表面を覆う網脂が付いてくる。網脂は脂肪の少ない肉の料理に使われることが多い。そのセオリー通り、最初はチレを巻き、間に野菜を入れるなどしてみたが、しっくりこない。「単体で焼いてみたらどうだろう」と焼いてみたのがはじまり。カリカリの網脂としっとりとしたチレのソテーの対比に、もつ焼きメニューとは違った価値が生まれた。シャキシャキの野菜ソースでさっぱりと食べてもらう。

砂肝コンフィ
バゲットサンド

鶏　砂肝　　　　　　　　参考売価　900円

砂肝のコンフィをベトナムのバインミー風にアレンジ。
砂肝の心地いいサクサクとした食感と少しのクセがパ
クチーの香りと相まって、エスニックな香り漂うバゲッ
トサンドが完成した。砂肝は塩でマリネしたあと、粒黒
胡椒、ニンニクを加えたブレンドオイルでコンフィに。
この時、パクチーの根を加えることで、パクチーの風味、
香りを忍ばせる。コンフィはフェタチーズと青唐辛子、
グリーンオリーブと合わせて冷前菜にもする。

チレと網脂のカリカリ焼き 野菜ソース

材料（1人前）
チレ …… 24 g
網脂 …… 36 g
塩、黒胡椒 …… 各適量
ブレンドオイル …… 適量
※野菜ソース …… 適量

※野菜ソース

材料（1回の仕込み量）
赤・黄パプリカ（コンカッセ）
　　…… 各1個
セロリ（コンカッセ）…… 1/2本
紫玉ネギ（コンカッセ）…… 1個
　塩 …… 4 g
　胡椒 …… 適量
　白ワインビネガー …… 21 g
　ハチミツ …… 7 g
　ブレンドオイル …… 113 g
作り方
ボウルにパプリカとセロリ、紫玉ネギを入れ、塩、胡椒、白ワインビネガー、ハチミツ、ブレンドオイルを加えて混ぜ合わせる。しばらくおいて味をなじませて使う。

作り方

1 チレについている網脂をはずす。チレを持ち上げて網脂を整えてから、網脂を手で持ち、庖丁の先でチレから網脂を切り離していく。チレに残った余分なスジを取り除く。

2 網脂を掃除する。チレにつながっていた血管部分を厚く切り取る。網脂を広げ、分厚い部分は切り落とし、薄い部分を使用する。→**Point**

3 網脂の薄い部分を適当な大きさにカットする。

4 チレをそぎ切りにし、両面に塩、黒胡椒を振る。

5 フライパンにブレンドオイルを熱し、チレの両面を焼いて取り出す。

6 続いて網脂を広げて焼き、塩を軽く振る。脂を出しながらじっくり焼き、カリカリにする。

7 チレと網脂を器に盛り、野菜ソースをかける。

Point

血管が残っていると、網焼きにしたときに味に濁りが出てくるのできれいに取り除く。

砂肝コンフィ バゲットサンド

材料（1人前）
※砂肝コンフィ …… 40 g
食用菊 …… 1 パック
塩 …… 適量

マリネ液
　ハチミツ …… 4 g
　ラズベリービネガー …… 20 g
　塩 …… 少量
バゲット …… 1/4本分
無塩バター …… 適量
パクチー …… 適量

作り方

1 菊のマリネを作る。菊の花弁をむしり、塩を入れた熱湯で茹でてザルに上げ、水気を絞り、マリネ液に漬ける。

2 バゲットに切り込みを入れ、バターを塗り、パクチー、砂肝コンフィ、菊のマリネの順にのせ、器に盛る。

※砂肝コンフィ

材料（1回の仕込み量）
砂肝 …… 216 g
塩 …… 4 g
ブレンドオイル …… 250 g
粒黒胡椒 …… 2 g
ニンニク（薄切り）…… 30 g
パクチーの根 …… 適量

作り方

1 砂肝は黄色い部分を切り取り、食べやすい大きさに切り、塩をもみ込み、30分〜1時間ほどマリネする。→**Point**

2 余分な水が出てくるので、丁寧に拭き取ってから鍋に入れ、ブレンドオイルをかぶるくらいに注ぎ入れ、粒黒胡椒、ニンニク、パクチーの根を加え、蓋をして弱火で20分煮る。

3 あら熱をとってから密閉容器に入れ、冷蔵保存する。

Point

コンフィにするとスジも気にならないため、掃除は黄色い部分を取るのみ。オイルに入れてからの塩は味の浸透にムラが出るため、マリネの段階でしっかり味を入れる。

大地グループ

オーナーシェフ
芳賀大地 氏

渋谷で評判の『やきとん串焼専門店　大地』をはじめ、
"今までに食べたことのないホルモン料理"をコンセプトに、
和洋中様々なジャンルの手法を取り入れて
創作ホルモン料理の人気店『串打ち　大地』を展開する大地グループ。
『串打ち　大地』では、料理は女性好みの盛り付けや味作りをしているのも特徴。
ホルモンは豚をメインに使用し、『やきとん串焼専門店　大地』同様、
毎朝芝浦から上質で新鮮なものを仕入れ、店で丁寧に仕込んでいる。

ハチノスとミディトマト
〜バンバンジー仕立て〜

豚タンの **もち米団子**

豚　タン　　　　　参考売価　650円

肉団子にたっぷりのもち米をまぶして蒸し上げる、食べ応え満点の一品。肉種には豚のタン先を用い、脂分を補うために豚肉の小間切れや端材もミックスする。硬くて焼材として扱いにくいタン先を集めておき、自店で挽くひと手間で商品化に成功。ロス活用としても有効なメニューだ。副材料には真菰茸やトウモロコシなど歯触りのいい野菜を使い、食感も工夫。

牛　ハチノス　　　　参考売価　700円

ハチノスを鶏肉に見立て、中華のバンバンジー風に仕上げた。ハチノスは、野菜の端材をたっぷり使った茹で汁で下煮し、おいしさを吸わせておく。甘みの強いミディトマトは、セミドライにして旨みを凝縮させ、キュウリはソースにして見た目のインパクトを訴求。バンバンジーに欠かせないトマトとキュウリそれぞれに、ひと手間加えて魅力を高めた。フレンチのようなおしゃれな盛り付けも魅力。

ハチノスとミディトマト
～バンバンジー仕立て～

材料（1人前）
- ※ハチノス …… 150g
- ※※セミドライトマト …… 適量
- ※※※ゴマダレ …… 適量
- ※※※※キュウリのソース …… 適量
- オリーブオイル …… 少々

作り方
1. ボウルに食べやすく切ったハチノス、セミドライトマト、ゴマダレを入れて混ぜ合わせる。
2. 器にキュウリのソースを流し、**1**を盛り付けてオリーブオイルを数滴たらす。

※ハチノスの下茹で

材料（1回の仕込み量）
- ハチノス …… 1枚
- 野菜の端材 …… 適量
- （長ネギの青い部分、人参の皮、セロリの葉、玉ネギの皮など）
- 塩 …… ごく少々

作り方
1. 掃除済みのハチノスを1回茹でこぼす。→**Point 1**
2. 寸胴に**1**のハチノス、野菜の端材、塩、水を入れて火にかけ、60～90分ほど煮る。→**Point 2**

※※セミドライトマト

ミディトマトのヘタをとって横半分に切り、切り口が上を向くように天板に並べ、120℃のオーブンで3時間焼いて乾燥させたもの。タッパーに入れて冷蔵保存し、2～3日で使い切る。

※※※ゴマダレ

材料（1回の仕込み量）
- 濃口醤油 …… 大さじ2
- 上白糖 …… 大さじ2
- 酢 …… 大さじ1
- おろし生姜 …… 小さじ1
- ゴマペースト …… 大さじ4
- ラー油 …… 大さじ1/2
- いり白ゴマ …… 大さじ1
- すりゴマ …… 大さじ2
- マヨネーズ …… 大さじ1

作り方
ボウルにすべての材料を入れ、よく混ぜ合わせる。

※※※※キュウリのソース

材料（1回の仕込み量）
- キュウリ …… 2本
- オリーブオイル …… 50cc
- 塩 …… 少々
- レモン …… 少々

作り方
1. キュウリはヘタを落としてザク切りにする。
2. ミキサーに**1**のキュウリと残りの材料を入れ、なめらかになるまで攪拌して漉し器を通す。

Point
1. 鮮度のいいハチノスを使用し、臭みはないので掃除の一環として茹でこぼしている。臭み消しが目的ならば2～3回茹でこぼしたほうがよい。
2. ハチノスは、"適度に食感が残る柔らかさ"に茹で上げる。茹で汁を吸うので、茹で汁をおいしくするために多種類の野菜の端材を入れる。残った茹で汁はスープや他の料理のだしとして使用。

豚タンのもち米団子

材料（10人前：60個分）
　豚タン先（皮付き）…… 200g
　豚肉 …… 200g
　もち米 …… 適量
　真菰茸 …… 1本
　干し椎茸（戻してみじん切り）…… 大さじ2
　桜海老 …… 大さじ2
　全卵 …… 1個
　塩 …… 小さじ1
　黒胡椒 …… 少々
　濃口醤油 …… 大さじ1
　ゴマ油 …… 大さじ3
　サニーレタス …… 適量
　和辛子 …… 適量

作り方

1 もち米は3〜4時間ほど水に浸し、ザルにあげて水気を切っておく。

2 タン先を挽き肉にする。同じ分量の豚肉も挽き肉にする。→**Point 1**

3 **2**の挽き肉に刻んだ真菰茸と椎茸、桜海老、全卵、塩、黒胡椒、濃口醤油、ゴマ油を加えてこね、叩いて空気を抜き、ラップをかけて冷蔵庫で寝かせる。→**Point 2** **Point 3**

4 オーダーが入ったら、**3**を球形にまとめてもち米をまぶす。

5 蒸籠にサニーレタスを敷き、スチームコンベクションオーブンで軽く蒸してレタスをしんなりさせる。

6 **5**の蒸籠に**4**を並べ、スチームコンベクションオーブン（スチームモード／87℃）で15分蒸す。蒸籠に和辛子を添えて提供する。

Point

1 豚タン先は仕込みの際に端材をとっておく。豚肉は脂身を補うために合わせるので、切り落としやバラの端材をとっておく。

2 真菰茸は食感が残るよう、2mm角に切る。夏はトウモロコシで代用するなど、歯応えのある旬の野菜を使う。

3 肉種は、冷蔵庫で寝かせて均一な状態に。2〜3日保存が可能。

豚首肉の冷菜 ～にんにくソースがけ～

豚　首肉　　参考売価 650円

四川料理の代表的な前菜「ウンパイロウ」は、本来ゆで豚肉を薄く切り、同じく薄切りしたキュウリで巻いてニンニクのタレと食べるもの。これをホルモン専門店らしくピートロで表現。ピートロはなるべく脂が少ないものを仕入れ、歯応えを和らげるため、繊維を断ち切るように薄く切る。女性客に配慮し普段はあまりニンニクを使わないが、このレシピでは使用。味のアクセントとしている。

豚トロとチーズの茶碗蒸し

豚　首肉　　参考売価 650円

万人受けする茶碗蒸しにピートロを加えた一品。ピートロはあらかじめだしで湯がき、アク抜きをしておく。プルプルの卵地に隠れたピートロには臭みがなく、肉の旨みと脂の甘みが感じられる。具材にミニトマト、クリームチーズ、パセリを使ってイタリアン風に仕立て、より目新しさを訴求。コース料理にも組み込み、冬場は吸い物代わりにする。

豚首肉の冷菜
～にんにくソースがけ～

材料（1人前）
- ※ピートロ …… 100g
- キュウリ …… 1/2本
- ミディトマト …… 1/2個
- ※※にんにくソース …… 適量

作り方
1. スライスしたピートロを沸騰した湯でしゃぶしゃぶし、冷水にとって水切りする。
2. キュウリはヘタを落とし、ピーラーで縦にスライスする。
3. 器に**2**のキュウリとトマト、**1**のピートロを盛り付け、にんにくソースをかける。

※ ピートロの仕込み

1. ピートロは脂が少なめで肉厚のものを仕入れ、スライスした時に食べやすくなる大きさにサク取りし、それぞれラップで包んで冷凍庫で半冷凍の状態にする。脂が多いピートロの場合は、脂を適度に落とす。
2. **1**をスライサーで繊維を断ち切るように1.5mm厚にスライスする。

※※ にんにくソース

材料（1回の仕込み量）
- 千住ネギ（みじん切り）…… 1/2本分
- 濃口醤油 …… 大さじ1.5
- 酢 …… 小さじ1
- ゴマ油 …… 小さじ1
- ラー油 …… 小さじ1/2
- 上白糖 …… 大さじ1/2
- おろしニンニク …… 小さじ1/2
- いり白ゴマ …… 適量

作り方
ボウルに材料を合わせてよく混ぜる。香りが飛ばないよう、こまめに仕込んでその日のうちに使い切る。

豚トロとチーズの
茶碗蒸し

材料（1人前）
- ※ピートロ …… 30g
  「豚首肉の冷菜～にんにくソースがけ～」（左段）を参照
- シメジ …… 適量
- カツオだし …… 適量
- 塩 …… ひとつまみ

玉子液
- 全卵 …… 1個
- カツオだし …… 130cc
- 味醂 …… 小さじ1
- 淡口醤油 …… 小さじ1
- 塩 …… 少々

- クリームチーズ …… 大さじ1
- ミニトマト …… 1個
- 乾燥パセリ …… 少々

作り方

1. 手鍋にカツオだしと塩を入れて沸かし、ピートロ、シメジを入れてさっとボイルし、ザルにとる。→**Point**
2. クリームチーズはスプーンで小分けにする。ミニトマトはくし形に切る。
3. 玉子液を作る。ボウルに材料を合わせてよくかき混ぜ、漉し器をとおす。
4. 器に**1**の具材、**2**のクリームチーズとミニトマトを入れて、**3**の玉子液を流し入れ、スチームコンベクションオーブン（スチームモード／87℃）で18～20分蒸す。蒸し上がったら乾燥パセリをふり、蓋をかけて提供。

Point
ピートロは、だしで下茹でしてアクをとる。生のまま使うとえぐみが出る。

ミノの白和え

🐄 牛　ミノ　　　参考売価 650円

下処理が不十分だと臭みを出しやすいミノを、丁寧な下処理と鮮度の良さで活かしたいと、素材の味がダイレクトに伝わる白和えで提供。そのためミノは、スライスした後3回茹でこぼす。また、和える前には野菜とともにだしで煮含め、野菜の旨みをプラス。同店では、脂が詰まった肉厚のサンドミノを使用する。

軽いもつ煮込み

🐄 牛　小腸　　　参考売価 550円

こってりしたイメージが強いモツ煮に真空調理を取り入れ、驚く程あっさりした味わいに。牛小腸を真空包装して低温で煮ることで、脂は落ちずに身が柔らかくなり、オーダー後は煮汁と合わせて5分ほどで仕上げる。煮汁に大根おろしを加え、片栗粉でとろみをつけているので舌触りもよい。煮汁が薄味で、最後まで飲み干すお客も。女性客に大人気だ。

軽いもつ煮込み

材料（1人前）
- ※真空調理した牛小腸 …… 100g
- シメジ …… 適量
- コンニャク …… 適量
- ニラ …… 適量

煮汁
- カツオだし …… 200cc
- 淡口醤油 …… 小さじ2
- 味醂 …… 小さじ1
- 大根おろし …… 大さじ1
- 水溶き片栗粉 …… 適量
- 九条ネギ …… 適量
- 一味唐辛子 …… 少々

作り方
1 シメジは石づきを落として小房に分ける。コンニャクは短冊に切る。

2 九条ネギは小口切りし、さっと水洗いして内側のぬめりをとっておく。

3 オーダーが入ったら、手鍋に煮汁、食べやすく切った牛小腸、**1**のシメジとコンニャク、大根おろしを入れて火にかけ、弱火で6分ほど煮る。→**Point 1**

4 ニラを加えてかるく火が通ったら水溶き片栗粉でとろみをつける。器に盛り付け、**2**の九条ネギをあしらって一味唐辛子をふる。→**Point 2**

Point
1 真空調理によって小腸の脂が落ちずにたっぷり付いているので、大根おろしを加えてさっぱりとさせる。

2 シメジの代わりにナメコを使ってもよい。その場合はナメコのとろみを考慮し、水溶き片栗粉を減量する。

※牛小腸の真空調理

小腸は、柔らかく煮込めば煮込むほど脂が落ちてしまう。しかし、真空にかけて低温で加熱すると身崩れせず、脂が付いたまま身が柔らかくなる。真空包装機と専用の袋が必要。同店では、メニューの幅を広げるためにこれを導入。

材料（1回の仕込み量）
- 牛小腸 …… 1本

調味液
- 淡口醤油 …… 適量
- 味醂 …… 適量
- カツオだし …… 適量
- 塩 …… 適量

作り方
1 牛小腸を水洗いして寸胴に入れ、たっぷりの水を張って火にかけ、茹でこぼしてよく水洗いする。

2 調味液を作る。鍋にすべての材料を入れて加熱し、煮立ったら火からおろして冷ます。

3 **1**の小腸をパックに入りやすい大きさにサク取りする。

4 真空調理用のパックに**3**の小腸を入れ、**2**の調味液を注ぎ入れて真空包装し、スチームコンベクションオーブンに入れて低温で60〜90分加熱する。あら熱をとり、真空パックのまま冷蔵庫で保存する。3日のうちに使い切る。

ミノの白和え

材料（1人前）
- ※サンドミノ …… 50g
- 人参 …… 適量
- コンニャク …… 適量
- シメジ …… 適量
- 春菊 …… 適量
- ※※煮汁 …… 適量
- ※※※和え衣 …… 適量

作り方
1 鍋に水を張り、サンドミノを入れて火にかけ、茹でこぼす。これを2回繰り返す。→**Point1**
2 人参は皮を剥いて細切りに、コンニャクは小さめの短冊に切る。シメジは石づきを落として小房に分ける。
3 鍋に煮汁を沸かし、1のサンドミノ、2の具材を入れて煮る。火が通ったら火からおろして煮汁ごと冷ます。完全に冷めたらザルにとって水気を切り、容器に移して冷蔵庫で寝かせる。
4 春菊はかるく茹で、食べやすい大きさに切って水気をしぼる。
5 オーダーが入ったら、ボウルに3、和え衣、4の春菊を入れてさっと和え、器に盛り付ける。

※サンドミノの下処理

1 サンドミノは、厚み2cmほどの脂が詰まったものを仕入れ、スライスした時に食べやすくなる大きさにサクどりし、それぞれラップで包んで冷凍庫で半冷凍の状態にする。
2 1をスライサーで繊維を断ち切るように1.5mm厚にスライスする。

※※煮汁

材料（1回の仕込み量）
- カツオだし …… 1ℓ
- 淡口醤油 …… 100cc
- 味醂 …… 100cc

作り方
鍋に材料を合わせて火にかけ、煮立ったら火からおろして冷まし、容器に移して冷蔵庫で保存する。

※※※和え衣

材料（1回の仕込み量）
- 自家製豆腐 …… 400g
- 砂糖 …… 小さじ2
- 淡口醤油 …… 大さじ1
- すりゴマ …… 大さじ2
- 白味噌 …… 小さじ1

作り方
すり鉢に材料をすべて合わせ、なめらかになるまで練る。→**Point2**

Point

1 ミノは3回茹でこぼして臭み取りをする。
2 店で手作りする豆腐はやや硬めなので水切りせずに使い、ゆるめの和え衣に仕上げる。和え衣には白味噌を加え、ミノのクセを和らげる。

ブレイン春巻

🐷 豚　脳　　　　　　　　　　　　　参考売価　600円

クリーミーでとろんとした食感が魅力のブレイン。これを揚げ春巻きにしてパリパリの衣をまとわせ、食感の妙を楽しませる。ブレインは時間が経つと臭みが出てしまうので、仕入れと仕込みでは低温管理を徹底。春巻きにはブレインと食感の似たクリームチーズを合わせ、濃厚で奥行きのある味わいに。大葉の風味で清涼感を持たせている。

材料（1人前）

- ※豚ブレイン …… 一頭分
- 春巻きの皮 …… 4枚
- 大葉 …… 4枚
- クリームチーズ …… 大さじ1.5
- 黒胡椒 …… 少々
- サラダ油 …… 適量
- ベビーリーフ …… 適量
- レモン …… 1/8個
- 自家製ポン酢 …… 適量
- 塩・黒胡椒 …… 各少々

作り方

1 豚ブレインは縦長に四等分に切る。クリームチーズはスプーンで小分けにする。

2 春巻きの皮を広げて大葉を敷き、1の豚ブレインをのせてクリームチーズを均等にちらす。黒胡椒をふって豚ブレインを芯に巻く。

3 サラダ油を170℃に熱し、2の春巻きを揚げる。→**Point**

4 器に3の春巻きを盛り付け、ベビーリーフとレモン、塩、黒胡椒、ポン酢を付け合わせる。

※豚ブレインの下処理

豚ブレインはあまり力を入れずに掴み、流水にあてながら薄皮をはがし、裏側の血管を取り除く。ブレインの薄皮は風味や食感に影響しないので、ある程度とれればよい。

Point

春巻きの皮がこんがりときつね色になったら引き上げ、ブレインに余熱で火を通す。熱を入れすぎるとパサパサの食感に。

豚　タン・ハツ etc.
参考売価　850円

ホルモンを肉種にしたワンタンのスープ。ホルモンは、タン、ハツ、ハラミ、食道、気管など、豚ホルモンの赤身の端材を使う。仕込みの際に出たものを挽き肉にし、余さずに使いこなす。ワンタンに加え、椎茸、舞茸、シメジ、ナメコといったきのこを入れて、具だくさんで提供。きのこが旬を迎える秋の限定メニュー。

豚赤肉ときのこたちのワンタンスープ

豚　首肉
参考売価　二合　2200円
（一合は1100円、三合は3300円）

ピートロとじゃこに、トマトとチーズが入る個性派の炊き込みご飯。あえて柔らかめに炊き、さらに客席でトマトを崩し混ぜてもらい、リゾット感覚で食べてもらう。チーズは溶けるタイプのものを、炊き上がりに入れて余熱で温める。卓上で蓋をはずした時の香りがよく、取り分ける楽しさも魅力にする。

豚トロとトマトの土鍋炊き込みご飯　〜リゾット風〜

ホルモンすき焼き

豚 レバー・ほほ肉・首肉　**牛** 小腸　参考売価 1人前1980円

ホルモンを活用した新感覚のすき焼き。1人前ずつ小鍋と三段重が運ばれ、お重には日替わりのホルモン4種と野菜8種を詰める。ホルモンは、写真の他にハチノスや豚タンも活用。ホルモンから出る脂を考慮し、割り下はあっさりした味に。野菜にはトマトも提供し、その酸味でさっぱりと食べてもらう。シメはフェットチーネを入れて「スープパスタ風」、お餅を入れて「お雑煮風」などを用意。

豚赤肉ときのこたちの
ワンタンスープ

材料（1人前）
　※ワンタン …… 5枚
　椎茸 …… 適量
　シメジ …… 適量
　舞茸 …… 適量
　ナメコ …… 適量
　キクラゲ …… 適量
　スープ
　┌ カツオだし …… 300cc
　│ 味醂 …… 小さじ2
　│ 淡口醤油・濃口醤油 …… 各小さじ1
　└ 塩 …… ひとつまみ
　ゴマ油 …… 小さじ1
　九条ネギ …… 適量
　柚子皮 …… 少々

作り方
1 九条ネギは小口切りし、さっと水洗いして内側の
　ぬめりをとっておく。
2 椎茸は石づきを落として薄切りにする。シメジ、
　舞茸は石づきを落として小房に分ける。ナメコは、
　さっと水洗いして、適度にぬめりを落とす。
3 手鍋にスープの材料を入れて沸かし、ワンタン、**2**
　のきのこ、キクラゲを入れて煮る。ワンタンの肉に
　火が通ったら、ゴマ油を加えて火を止める。
4 器に注ぎ入れ、**1**の九条ネギと針切りした柚子皮
　をあしらう。

※ **ワンタン**

材料（1回の仕込み量）
　ホルモンの赤肉の端材
　　…… 400g
　（豚タン、豚ハツなど）
　おろし生姜 …… 小さじ2
　長ネギ …… 1本
　濃口醤油 …… 小さじ1
　塩 …… 小さじ2
　黒胡椒 …… 少々
　ワンタンの皮 …… 50枚

作り方
1 ホルモンの赤肉の端材をミンサー
　にかけて挽き肉にする。長ネギは
　みじん切りにする。→**Point 1**
2 ボウルに**1**、おろし生姜、濃口醤
　油、塩、黒胡椒を合わせてよくこ
　ねる。

3 ワンタン生地で**2**の肉種を包む。
　バットに並べて、冷蔵庫で保存
　する。→**Point 2**

Point

1 赤肉とはホルモンの中で「赤もの」と呼ばれる部
　位で、他に食道、ハラミ、ナンコツまわりなども
　使う。喉ごしのいいワンタンにするため細かめに
　挽く（3mm目安）。
2 冷蔵庫で1～2日保存可能。冷凍する場合、オー
　ダー時に冷凍のままスープに入れて調理できる。

豚トロとトマトの
土鍋炊き込みご飯
〜リゾット風〜

材料（2合分）
　ピートロ …… 100g
　　仕込みは「豚首肉の冷菜〜にんにくソースがけ〜」（P91）を参照
　米 …… 2合
　フルーツトマト …… 30g
　水（浄水器を通したもの）…… 300cc
　酒 …… 30cc
　塩 …… 小さじ1
　じゃこ …… 30g
　スライスチーズ …… 2枚

作り方
1 米を研いで30分水に浸す。
2 フルーツトマトはヘタを取り、1cm角に切る。
3 提供用の釜に、1の米、水、酒、塩、ピートロ、じゃこ、2のフルーツトマトを入れて蓋をかけ、強火にかける。沸騰したら弱火にして8分炊く。
4 炊き上がったらいったん蓋を外してスライスチーズをのせ、蓋をかけて8分蒸らす。しゃもじ、お椀と一緒に卓上に運び、お客自ら取り分けてもらう。

ホルモンすき焼き

材料（1人前）
　ホルモン（4種類）…… 150〜200g
　　真空加熱した牛小腸（P93）、豚レバー、
　　豚ツラミ、ピートロ（P91）
　野菜・具（8種）…… 各適量
　　トマト、九条ネギ、糸コンニャク、生椎茸、
　　焼き豆腐、真菰茸、たもぎ茸、シメジ
　※割り下 …… 100cc
　串焼き用のタレ …… 少々
　全卵 …… 1個

作り方
1 野菜・具をそれぞれ食べやすく切る。
2 牛小腸、豚レバーは小さめのひと口サイズに切り、豚ツラミ、ピートロは薄く切る。→**Point**
3 3段重に1の野菜・具、2のホルモンを盛り付ける。
4 すきやき鍋に割り下を張って串焼き用のタレを加え、コンロとともに卓上にセットする。3のお重と合わせて提供。生卵を添える。

※割り下

材料（1回の仕込み量）
　酒 …… 500cc
　濃口醤油 …… 250cc
　上白糖 …… 大さじ8
　水 …… 750cc
作り方
　鍋に酒を入れ、火にかけて煮切る。濃口醤油、上白糖、水を加えて軽く煮立ったら火を止める。冷ましてから冷蔵庫で保存する。2〜3日で使い切る。

Point
牛小腸は「軽いもつ煮」、豚レバーは「レバ刺し」、ピートロは「豚首肉の冷菜」など、他のメニュー用に仕込んだものを兼用し、効率化を図っている。

離の宴

<ruby>離<rt>はなれ</rt></ruby>の宴

神戸で70年あまり続く『山本精肉店』が展開するビストロ。
かねてからワインに傾倒する三代目・山本耕資氏が2003年に屋台から始めた。
「ワインに合う味」をテーマに、知り尽くしたホルモンの食感や香りをビストロ料理に加え、
新たな食べ方を提案。神戸の伝統的なホルモン料理にも工夫を加えて供する。
ホルモンは『山本精肉店』で一頭買いするため、様々な部位を楽しめるのも特徴だ。
料理はコース（4000円〜）が中心。豊富なワインと手頃な価格が評判だ。

オーナーシェフ
山本耕資 氏

赤センマイの
ローマ風煮込み

ハチノスのかぶの塩ダレソース

 牛　ハチノス　　　　　　　　　　　800円

柔らかい特徴を活かし、ハチノスの「カブ」をさっと手
早く炒め物に。希少な部位の味わいがストレートに伝
わるよう、存在感のある大きさに切り、シンプルに塩
ダレと組み合わせてピンクペッパーのアクセントをプラ
ス。野菜を添えて前菜感覚の一品に仕立てる。凹凸の
ある皮とプリンとした弾力の2つの食感が楽しい。

 牛　赤センマイ　　　　　　　　　　880円

濃厚な旨みを利用し、地元の神戸では肉じゃがなどの
甘辛い煮物にすることが多い赤センマイを、ローマ風煮
込みにアレンジ。パプリカや玉ネギといった野菜の甘
みと組み合わせた。赤センマイはしつこくなりすぎない
よう、中程度の大きさに。ジューシーなトマトと一緒に
噛み締めると、甘い脂がほとばしるように広がる。

赤センマイのローマ風煮込み

材料（1人前）
  赤センマイ …… 70g
  パプリカ（赤・黄）…… 各1/8個
  玉ネギ …… 1/8個
  ニンニク …… 1片
  サラダ油 …… 適量
  塩・胡椒 …… 適量
  水 …… 50cc
  固形ブイヨン …… 1個
  ホールトマト（つぶしたもの）…… 1/2缶
  砂糖 …… 少々
  パセリ …… 少々
  ※赤センマイの下処理はP210参照

作り方

1 赤センマイは水からで茹で、沸騰したらアクを丁寧に除き、2時間ほど茹でておく。茹でたら水気をふき取ってあら熱をとり、冷蔵保存。ニンニクと玉ネギはスライスし、パプリカは細切りに。

2 使う分の赤センマイをサク取りして、さらに食べやすい大きさに切る。
3 フライパンにサラダ油をひいてニンニクを加え、香りがでたら玉ネギを入れて中火で炒める。

5 玉ネギに色目がついてきたらパプリカを加え、2の赤センマイを加える。

6 赤センマイの表面に焼き目がついてきたら塩・胡椒で味を調え、水と固形ブイヨン、ホールトマトを加え、煮込む。
7 味がまわってやや煮詰まってきたら味をみて、甘みが足りない場合は砂糖を加えることも。最終的に塩で味を調えて器に盛り付ける。パセリを飾る。

ハチノスの
かぶの塩ダレソース

材料（1人前）
- ※ハチノスのカブ …… 70g

合わせダレ
- ゴマ油 …… 大さじ 1.5
- 塩 …… 小さじ 1.5
- おろしニンニク …… 小さじ 1
- いりゴマ …… 小さじ 1
- サラダ油 …… 適量
- 青ネギ（小口切り）…… 大さじ 1
- ベビーリーフ …… 適量
- ピンクペッパー …… 少々

作り方

1 切り分けたハチノスのカブを用意する。合わせダレは材料をすべて混ぜ合わせておく。

2 フライパンにサラダ油をひいて熱し、油が温まったら余分な油を捨てる。ハチノスのカブを加え、強火で炒める。

3 火が通ってきたら**1**の合わせダレを加え合わせる。さらに青ネギを加えて手早くあおり、火からおろす。

4 器にベビーリーフを敷いて**3**を盛り付け、ピンクペッパーを散らす。

※ハチノスのカブ

ハチノスのカブは、ミノとのつなぎ目近くにある肉厚な部分。量が取れないためあまり流通されないが、上ミノのような味わいと柔らかさ、プリンと舌の上で踊る弾力を兼ね備える。一般的にハチノスは煮込むことが多いが、カブは火を入れすぎると硬くなるため、柔らかさを活かす調理法がよい。

仕込み

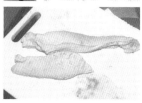

1 開いたハチノスを広げ、カブの部分を切り分ける。余分な膜やスジ、汚れ、毛などを取り除いておく。

2 扱いやすいサイズのサクにし、食べやすい大きさに切り分ける。

洋風ふろふき大根

ホルモンは季節感が出しにくいことから、野菜を主軸として季節感を前面に。冬野菜の代表格、大根と温かいミネストローネスープを組み合わせ、「あんかけ」をイメージしてミネストローネをソースとして提供する。肉は大根と相性の良いアキレス腱を使用。トロトロでジューシーな味の、体の芯から温まる冬メニューを目指した。

レバーソテー ゴルゴンゾーラのソース

 牛 レバー　　　　　　　　　　　1200円

フランス料理をホルモンで置き換える事に挑戦した一品。フレンチを代表する食材であるフォアグラの食感をレバーとリンクさせ、さらにフォアグラに相性の良いハチミツを想起。そこからさらに、ハチミツと相性の良いゴルゴンゾーラを結びつけた。個性の強い食材同士ながらも調和がとれ、ワインを呼ぶ味わいに仕上げている。

バサの天ぷら

牛 肺　　　　　　　　　　　580円

神戸・長田の家庭料理として、特に親しまれるのがバサ（肺）の天ぷら。郷土食といえる一品を、油を吸収しやすいバサの特性を活かし、精肉店ゆえに手に入る上質なヘット（牛の精製油）を加えて香ばしさと旨みをプラス。さらに自家製BBQソースで下味をつけ、味わいを昇華する。サクサクの衣とふわふわのバサ、香ばしさが一体に。

洋風ふろふき大根

材料（4人前）

- ※アキレス腱（炊いたもの）…… 120g
- ※アキレス腱を炊いたスープ …… 200cc
- 大根 …… 20cm分
- 人参 …… 1/2本
- セロリ …… 5cm分
- ジャガイモ …… 1/2個
- ズッキーニ …… 1/3本
- 玉ネギ …… 1/2個
- 固形ブイヨン …… 1個
- ホールトマト（つぶしたもの）…… 1/2缶
- 塩・胡椒 …… 少々
- バルサミコ酢 …… 少々
- スプラウト …… 少々

作り方

1. 大根は5cm幅の輪切りにし、水から柔らかくなるまで炊いておく。
2. 人参、セロリ、ジャガイモ、ズッキーニ、玉ネギは1cm角のサイコロに切る。
3. 鍋にホールトマトと固形ブイヨン、アキレス腱、アキレス腱のスープを入れて中火にかけ、**2**の野菜を加えて煮込む。野菜が柔らかくなったら塩・胡椒で味を調える。
4. 器に**1**の大根を盛り付け、上から**3**を流しかける。バルサミコ酢をかけてスプラウトを飾る。

※アキレス腱・アキレス腱を炊いたスープ

材料（1回の仕込み量）

- アキレス腱 …… 1kg
- 水 …… 1ℓ

材料A

- 本だし …… 8g
- 柚子胡椒 …… 少々
- 生姜 …… 15g
- 淡口醤油 …… 大さじ3

作り方

1. アキレス腱は水から炊いて茹でこぼす。
2. 茹で上がったら鍋から取り出し、食べやすい大きさに切る。
3. 鍋に水1リットルと材料Aを加え、**2**のアキレスを入れて加熱する。6時間煮込んだら、あら熱をとり、煮込んだスープと一緒に保存容器に入れて冷蔵保存する。

レバーソテー ゴルゴンゾーラのソース

材料（1人前）

- 牛レバー …… 70g
- ブロッコリー …… 2房
- 舞茸 …… 1/6パック
- **ソース**
  - 生クリーム …… 50cc
  - ゴルゴンゾーラ（ピカンテ）…… 10〜15g
- サラダ油 …… 大さじ2
- おろしニンニク …… 小さじ1
- 胡椒 …… 少々
- ピンクペッパー …… 適量

作り方

1. レバーは使う分をサク取りする。血管を取り除いて薄皮をはいで、ひと口大に切っておく。
2. ブロッコリーは下茹でし、小房に分ける。舞茸は石づきを落とし、ばらしておく。

3. ソースを作る。フライパンに生クリームを加え、中火で沸いたらゴルゴンゾーラを加えて溶かす。
4. 別のフライパンにサラダ油を熱し、おろしニンニクを加える。香りが出たら舞茸を加えて中火で炒める。火が通ったらブロッコリーを加えて炒める。

5. **4**に**1**のレバーを加え、胡椒をふる。レバーに焼き目がついたら**3**を加え、手早くあおって火からおろす。器に盛り付け、ピンクペッパーを散らす。

バサの天ぷら

材料（1人前）
- ※バサ（牛の肺）…… 60g
- サラダ油 …… 大さじ2
- ヘット（牛の精製油）…… 大さじ1
- 自家製BBQソース …… 大さじ1
- **天ぷら衣**
  - 薄力粉 …… 200g
  - だしの素 …… 8g
  - 片栗粉 …… 大さじ1
  - 水 …… 300cc
- 植物油（揚げ油）…… 適量
- 塩 …… 適量

作り方

1 フライパンにサラダ油を入れて強火で熱し、フライパンが温まったら油を捨てる。そこにヘットを入れて溶かし、バサを加える。バサが油分を吸ったら火からおろす。→**Point**

2 1のバサをバットに広げ、BBQソースでマリネする。冷蔵庫で3時間ほど漬け込んでおく。

3 天ぷら衣の材料を全て混ぜ合わせ、2をつけて175〜180℃の油で揚げる。浮いてきて、少し色づいてきたら引き上げ、塩をふって盛り付ける。

Point

ヘットは牛脂から精製する食用油で独特の旨み、風味が特徴。バサは油を吸いやすい肉質なので、ヘットを吸わせてその旨みをプラスする。

※バサの仕込み

1 バサは水から2時間、中火で下茹でする。出てくるアクをきれいに取り除いておく。

2 部位の凹んでいるところで切り分け、サク取りしていく。

3 天ぷらで食べやすい大きさに切り分ける。

センマイのペペロンチーノ

 センマイ　　　　　　780円

細切りでプチプチするセンマイの軽快な歯触りを、パスタに見立てた一品。凹凸のあるヒダにソースがよく絡むことから、パスタの中でもオイル系との相性が良いと考え、ペペロンチーノやジェノヴェーゼで提供する。センマイは淡白な味で、細切りにしているため、ナンプラーを使って味を引き締めているのもポイント。

あぶりこてっのバーベキューソース

🐄牛　小腸　　　　　　800円

モヤシ炒めにホルモンを組み合わせた、お酒を呼ぶメニュー。加熱すると出てくる余分な脂を取り除き、しつこさをカット。ポン酢で味つけをし、あっさりとした柑橘の香りを組み合わせることでバランスをとる。ジュワジュワとあふれるコテッチャンの甘い脂、瑞々しいモヤシ、柑橘の香りが響き合う。

離の宴

センマイのペペロンチーノ

材料（1人前）
- ※白センマイ …… 80g
- サラダ油 …… 適量
- オリーブオイル …… 大さじ1
- おろしニンニク …… 小さじ2
- タカノツメ …… 1本
- 塩・胡椒 …… 少々
- ナンプラー …… 少々

※白センマイの仕込み

1 ひと株にわけたセンマイを流水で洗う。ヒダを一枚ずつめくり、ヒダの間の奥までしっかり洗う。

2 沸騰した湯にヒダを一枚ずつ通し、黒い皮をこするようにしてはがす。これをすべてのヒダで行なう。→**Point 1**

黒い皮をとり、すべて白くなった状態に仕上げる。

作り方

1 白センマイのヒダの部分をまとめ、細切りにする。
2 熱したフライパンにサラダ油をひき、油が温まったら一度捨てる。

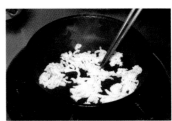

3 1のセンマイを加えて中火で炒め、水分がでてきたらザルにあげて水分をよく切る。→**Point 2**

4 フライパンにオリーブオイルとおろしニンニク、種を取って輪切りにしたタカノツメを入れて中火にかけ、香りが出たらセンマイを加えて手早く炒める。塩・胡椒で調味し、仕上げにナンプラーを加え、味がまわったらすぐに火からおろして盛り付ける。

Point

1 センマイのヒダをいっぺんに湯に漬けると、1枚はがす間に時間が経ってしまい、その間、他のヒダの皮ははがれにくくなるため、1枚ずつ湯に漬ける。何度も湯に漬けると、センマイ自体に火が入って食感が損なわれるので注意。
2 センマイは水分を多く含むので、加熱すると水分が出てくる。そのまま味つけをすると味が薄まってしまうため、味つけの前に一度水分を切る。

あぶりこてつの
バーベキューソース

材料（1人前）

- ※コテッチャン（牛小腸）…… 80〜90g
- モヤシ …… 1/2袋
- サラダ油 …… 大さじ2
- 塩・胡椒 …… 適量
- ゴマ油 …… 大さじ1.5
- ポン酢 …… 小さじ1
- 濃口醤油 …… 小さじ1
- 自家製BBQソース …… 適量

※コテッチャンの仕込み

開いた牛小腸を掃除し、脂をある程度残したまま適度な長さに切る。水から2時間ほど茹でておく。茹でたら水気をよくふき取って冷まし、冷蔵保存しておく。

作り方

1 茹でたコテッチャンを、食べやすい大きさに切る。

2 フライパンにサラダ油大さじ1をひき、モヤシを手早く炒める。塩・胡椒、ゴマ油、ポン酢、濃口醤油を加え、食感が残っているうちに器に盛り付ける。

3 2と同時進行で別のフライパンを熱しておく。サラダ油大さじ1をひき、コテッチャンの油脂の部分が底になるように置いて中火で焼く。次第に油が出てくるので、キッチンペーパーで吸い取り、余分な油脂を取り除く。

4 コテッチャンの脂に火が通り、プルプルした見た目になってきたら、皮の部分が鍋底になるように返し、さらに中火で焼く。

5 まんべんなく火が通り、焼き色がついたらBBQソースを加え、味がまわったら火からおろす。2の上に盛り付ける。

あぶりシキンの漬け

 牛　食道　　　　　　580円

シキンはやや硬く、噛み切りにくい肉ではあるが、独特の歯触りがあり、噛み締めるたびに旨みがあふれてくる。その特徴を活かし、食べやすい細切りにして醤油ダレで漬けにし、ひと晩寝かせることで味を含ませた一品。同店では別名「ヤミツキ肉」とも呼んでいるほど、クセになる味わいが人気に。お酒も選ばず、何にでも相性がよい冷菜だ。

テールのリエット

牛　テール　　　　　　600円

尻の付け根から先に向けて細くなるテール。骨が多く肉があまりないことから、商品化しにくい先の部分も利用できるのがこの前菜だ。「テールをまるごと味わう」をコンセプトにし、骨をはずして味つけしたテール肉をアンディーブに盛り付け、煮こごりのテールスープを散らして気軽なフィンガーフードとして提案。ワンランク上のおつまみに。

あぶりシキンの漬け

材料（1人前）
　シキン（牛食道）…… 50g
　塩 …… 適量
　一味唐辛子 …… 大さじ1
　濃口醤油 …… 大さじ3
　大葉 …… 1枚
　スプラウト …… 少々
　（※シキンの下処理はP215参照）

作り方
1 網を直火にかけ、網に合う大きさにカットしたシキンを並べて塩をふる。

2 肉が縮んできて、表裏ともに軽く焼き目がついたら火からおろし、細切りにする。

3 バットに**2**を入れ、一味唐辛子と醤油を合わせて和える。そのまま冷蔵庫でひと晩置いて味をなじませる。

4 注文ごとに器に大葉を敷き、**3**を盛り付ける。スプラウトを飾る。

テールのリエット

材料（1人前）
　※テール煮 …… 70g
　※テールのジュレ …… 適量
　塩・胡椒 …… 適量
　アンディーブの葉 …… 2枚
　フレンチドレッシング …… 適量
　プチトマト …… 1個
　スプラウト …… 少々

作り方
1 炊いたテールを骨からはずして身をほぐし、塩・胡椒をふってよく和える。

2 器にアンディーブを盛り付け、**1**をのせる。テールのジュレを散らし、フレンチドレッシングをかけ、1/4に切ったプチトマトとスプラウトを飾る。

※テール煮・テールのジュレ

材料（1回の仕込み量）
　牛テール …… 1本
　水 …… 適量
　ニンニク …… 2片
　野菜くず …… 適量
　ブーケガルニ …… 1袋
　ブイヨン …… 1個
　塩・胡椒 …… 適量

作り方
1 テールは関節ですべて切り分けて余分な脂を取り、1本分まるごとを鍋に入れる。水を加えて沸騰したら茹でこぼす。

2 水を入れ替えてニンニク、野菜くずを加え、テールを再び中火で6時間茹でる。アクはこまめに取り除く。時間が経ったらひと晩、鍋ごと冷蔵庫で寝かせる。

3 上部に白く固まった油脂を取り除き、鍋を中火にかけ、ブーケガルニとブイヨンを加える。3時間炊いて完成。テールは引き上げて保存する。

4 残ったスープは漉して塩・胡椒をする。保存容器に移し、冷蔵庫で保存。再び固まるため、これがテールのジュレとなる。

Bar Arte

バール　　　　　アルテ

近くには桜鍋の有名店もある場所で2005年に開業した『Bar Arte』では、
大人が酒を飲めるイタリアンとしてアラカルト中心に、ワインに合う料理を提供してきた。
その中で「馬のニーズのある地域で洋風にやったらおもしろいのではないか」と
ヒレ肉を使ったタルタルやハラミのステーキのほか、
ホルモンを使った煮込み料理をオンメニューする。
クセの強い馬のホルモンを香りよく仕上げる、相越進シェフの技を紹介する。

オーナーシェフ
相越　進 氏

馬モツのパイヤータ（ぴり辛モツ煮込み）

 馬　モツ（小腸・大腸）　　　　　　　　　　　1100円

ローマの郷土料理には内臓を使った料理が多く、牛や羊の小腸を
使うパイヤータもその一つ。同店では、馬の小腸と大腸を使う。い
かに馬のホルモン特有の臭みを抜くかがポイントで、煮込み前、ソ
フリットとモツを合わせたところで、白ワインを加えては水分を蒸
発させる。これを3回ほど繰り返すことで、蒸気と一緒に臭みが抜
けていく。ぴり辛に仕上げることで、酒がすすむ味わいに。

馬モツのパイヤータ
（ピり辛モツ煮込み）

材料（1人前）
- ※ 馬モツのパイヤータ …… 80g
- ※※ 茸のトリフォラート …… 40g
- ブイヨン（鶏のだし）…… 適量
- 塩 …… 適量
- パセリ …… 適量
- グラナパダーノ …… 適量
- オリーブオイル …… 適量

1 鍋に馬モツのパイヤータ、茸のトリフォラートを入れて火にかけ、ブイヨンでのばし、塩で味を調える。
2 器に盛り、パセリを散らし、オリーブオイルを回しかけ、グラナパダーノをすりおろす。

※ 馬モツのパイヤータ

材料（約15人前）
- 馬モツ（小腸、大腸）…… 1kg
- **下茹で用**
  - 香味野菜（セロリ、人参、玉ネギなど）…… 適量
  - 酢、レモン …… 各適量
- **マリネ用**
  - 塩、黒胡椒、カイエンペッパー …… 各適量
- **ソフリット**
  - オリーブオイル …… 適量
  - 玉ネギ（みじん切り）……1/2個分
  - 人参（みじん切り）…… 1/2本分
  - セロリ（みじん切り）…… 1本分
  - ニンニク（みじん切り）…… 1片分
  - 唐辛子（イタリア産）…… 3粒
- 白ワイン …… 200ml
- ホールトマト缶 …… 500g
- ローリエ …… 1枚
- ブイヨン（鶏のだし）…… 適量

作り方
1 馬モツはセロリの葉や人参のへた、玉ネギなど香味野菜の端材、酢、レモンを加えて2～3回茹でこぼす。→ **Point 1**

2 モツの水気を取り、バットに並べ、カイエンペッパー、塩、黒胡椒をふっておく。

3 ソフリットを作る。鍋にオリーブオイルをたっぷりと熱し、玉ネギ、人参、セロリを加えて炒める。焦げ色がついてカリカリになってきたら、鍋の中心をあけて油をため、ニンニク、唐辛子を入れて炒める。香りが出てきたら全体を炒め合わせる。

4 **2**のモツを加えて混ぜ合わせ、白
ワインを2〜3回に分けて加えて
いく。白ワインを加えて沸かし、
水分が飛んだら白ワインを足す。
これを2〜3回繰り返す。
→**Point 2**

5 **4**にホールトマト、ローリエを加
えて煮込む。途中、ブイヨンを足
しながら、水分を蒸発させながら
2時間ほど煮込む。→**Point 3**

6 煮上がったらあら熱をとり、保存
容器に入れて冷蔵保存する。

Point

1 馬モツは掃除して下茹でしたものを仕入れるが、
臭みが強いため、店でも2〜3回茹でこぼして臭
みを取る。

2 白ワインを加えて水分を飛ばすのはモツの臭みを
抜くため。蒸発する蒸気と一緒にモツの臭みが抜
けるので、火を弱めすぎないことがポイント。

3 煮込む時も蓋をせずに蒸気を飛ばしながら煮込ん
でいく。モツの臭みが抜け、クリアな味に仕上がる。

※※ 茸のトリフォラート

材料（作りやすい分量）
　えのき茸 …… 1袋
　舞茸 …… 1パック
　しめじ …… 1パック
　エリンギ …… 1パック
　オリーブオイル …… 100ml
　塩、胡椒 …… 各適量
　ニンニク（みじん切り）…… 適量

作り方

1 フライパンにオリーブオイルを熱
し、掃除してほぐしたキノコを入
れ、焦げる寸前までじっくり焼き
付ける。→**Point**

2 塩、胡椒で味を調え、好みでニ
ンニクを加えて炒め合わせる。

Point

キノコは水分が抜けることで旨みや
香りが出てくる。えのき茸がフライ
パンにくっつくまで水分を抜く。

馬 スジ　　　　　　950円

馬肉の仕入れは、浅草で代々
続く精肉店より。精肉店が掃除
したときに出るスジ肉を冷凍状
態で仕入れ、トスカーナ地方
の伝統料理・ペポーゾに。た
っぷりの黒胡椒と赤ワインを使
うペポーゾは臭みのある肉をお
いしく食べる知恵が詰まった料
理で、クセのある馬のスジ肉に
も向く。馬のスジ肉は牛よりも
硬いため、オーブンに入れてじ
っくり煮込むか、加圧して煮込
み、食べやすい柔らかさに煮
上げる。

馬スジの
黒胡椒煮込み
ペポーゾ

材料（1人前）
　※馬スジの黒胡椒煮込み …… 80g
　赤ワイン …… 適量
　グラニュー糖 …… 適量
　栗（茹でて皮をむく）…… 7〜8個
　ブイヨン（鶏のだし）…… 適量
　オリーブオイル、パセリ、グラノパダーノ …… 各適量

作り方

1 鍋に赤ワインを入れて火にかけ、グラニュー糖を加えて煮詰め、ミロワールにする。

2 ミロワールの鍋に栗と馬スジの黒胡椒煮込み、ブイヨンを入れて火にかけて温める。

3 器に盛り、オリーブオイルを回しかけ、刻んだパセリを散らし、グラノパダーノをおろしかける。

※馬スジの黒胡椒煮込み

材料（約15人前）
馬スジ肉 …… 1kg
香味野菜（セロリの葉、パセリの軸、ネギの青い部分など）…… 各適量
ハーブ塩、黒胡椒、赤ワイン …… 各適量
ソフリット
┌ オリーブオイル …… 適量
│ 玉ネギ（みじん切り） …… 1/2個分
│ 人参（みじん切り）…… 1本分
│ セロリ（みじん切り）……1/2本分
│ ニンニク（みじん切り） …… 1片分
└
赤ワイン …… 適量
黒胡椒 …… 10g
ブイヨン（鶏のだし）…… 適量

作り方

1 馬スジ肉は香味野菜を加えて水から茹でて、茹でこぼす。

2 水気を取り、バットに並べ、ハーブ塩、黒胡椒、赤ワインで半日〜1日ほどマリネする。

3 ソフリットを作る。たっぷりのオリーブオイルに玉ネギ、人参、セロリを入れて炒め、焦げ色がついてカリカリになってきたら、ニンニクを加えて炒め合わせる。

4 鍋に**2**のスジ肉、ソフリットを入れ、赤ワインを注ぎ、黒胡椒を挽き入れる。ブイヨンで水分量を調節し、加圧して1時間ほど煮込む。→**Point**

5 あら熱をとってから保存容器に入れ、冷蔵保存する。

Point

馬のスジ肉は牛のスジ肉より硬い。加圧せずに作る場合は、ブイヨンを適宜足しながらスジが柔らかくなるまで煮込む。

コテキーノ風サルシッチャ

 モツ（小腸・大腸）・スジ肉 etc.

1200円

エミリア・ロマーニャ州のモデナ地方の名産として知られるコテキーノは豚肉を使ったソーセージで、イタリアではレンズ豆を添えて年越しに食べるという、縁起ものでもある。これを馬の正肉とモツやスジ、豚足、フォアグラと風味や食感の違う食材を取り合わせてアレンジ。最初に砂糖でマリネし、次に塩、胡椒、シナモンでマリネする2段階で、肉の味に丸みを出す。肉々しさを楽しんでもらうため、粗く刻んで腸詰にする。

材料（1人前）
※ コテキーノ風サルシッチャ …… 1本
レンズ豆（水で戻したもの）…… 適量
トマトソース …… 適量
※※ サルサ・ヴェルデ …… 適量
パセリ、オリーブオイル …… 各適量

作り方
1 レンズ豆をトマトソースで煮込む。
2 コテキーノ風サルシッチャをオーブンで焼いて火を通す。→ Point 1
3 器に 1 のレンズ豆を盛り、2 のサルシッチャをのせ、刻んだパセリを散らし、オリーブオイルを回しかけ、サルサ・ヴェルデを添える。

4 粘りが出てきたらボウルに取り出し、刻んだパセリ、飴色玉ネギを加えて練り混ぜる。

5 豚腸を水につけて戻し、端をタコ糸で縛ってから、4をぴっちりと詰めていく。1本分約100gが目安。好みの長さまで詰めたら豚腸をねじり、1本ずつタコ糸で縛る。1日冷蔵庫で寝かせてから使う。

※コテキーノ風サルシッチャ

材料
サルシッチャの詰め物（割合）
- 馬ヒレ肉（正肉）…… 1
- 豚足（下茹でしたもの）…… 1
- 馬モツ（下茹でしたもの）…… 0.5
- 馬スジ肉（下茹でしたもの）…… 0.5
- フォアグラ …… 0.5
- 砂糖 …… 肉の重量の0.05%
- ※※※ハーブ塩 …… 肉の重量の1.5%
- 黒胡椒……肉の重量の0.05%
- シナモン …… 少量
- 生クリーム …… 適量
- 飴色玉ネギ …… 適量
- パセリ（みじん切り）…… 適量

豚腸 …… 適量

作り方
1 バットに馬ヒレ肉、豚足、馬モツ、馬スジ肉、フォアグラを並べ、砂糖をまぶし、30分～1時間ほどマリネする。

2 砂糖がなじんだら、ハーブ塩、黒胡椒、シナモンをまぶし、半日～1日マリネする。

3 フードプロセッサーに2の肉を入れて回し、肉が細かくなってきたら生クリームを加えて回す。
→**Point 2**

※※サルサ・ヴェルデ

パセリとアンチョビ、ニンニク、ケイパー、オリーブオイルをミキサーで回し、なめらかにし、塩、胡椒で味を調える。

※※※ハーブ塩

塩（イタリア産天然海塩・フィーノ）にフレッシュのローズマリーを漬け込み、香りを移したもの。

Point
1 脂分が多いと破裂しやすいため、ボイルで仕上げてもいい。
2 それぞれの肉の食感を活かすため、肉はあまり細かくしすぎないようにする。

Tatsumi
タツミ

伝統的なフランス料理の手法を踏まえながら、独自の味を追求する
気鋭のシェフ廣瀬亮氏がオーナーのビストロ。「この店でしか食べられないものを」
との思いから、手間を惜しまずに作られる料理は、連日多くのお客を魅了している。
アバ（臓物）を使ったオリジナルメニューも多数ラインナップされ、
これを目当てに訪れる人も多く、業界内からの注目度も高い。

オーナーシェフ
廣瀬 亮 氏

マルチョウとトリッパの
モロッコ風煮込み

牛ハツのレンズ豆の
サラダ仕立て

 牛　心臓　　　　　　　　　　　　　　1200円

華やかな野菜と存在感のある牛ハツのバランスの妙が
楽しいメニュー。ハツは新鮮なものを使い、塊のまま
グリルで焼き、タタキのような仕上がりに。さっぱりし
つつボリュームもあるため、同店では主に夏場に提供。
野菜は新鮮で味がよいと人気の「鎌倉野菜」も使い、廣
瀬氏自らが出向いて調達している。

牛　小腸・ハチノス　　　　　　　　　1000円

フランス料理では使われない丸腸を、トリッパとともに
多種類のスパイスで煮込む。丸腸はスパイスとアリッ
サをまぶし、トリッパはトマトソースで煮ておく。野菜
やインゲン豆もあらかじめ煮てストックしておき、注文
が入ったらすべて合わせて仕上げる。仕込みに手間を
かけた一品だ。

マルチョウとトリッパの
モロッコ風煮込み

材料（1人前）
　牛丸腸 …… 60g
　材料A
　┌ ※漬け込み用スパイス …… 適量
　└ アリッサ …… 適量（P131参照）
　ナス …… 適量
　トマト …… 適量
　ズッキーニ …… 適量
　オリーブオイル …… 適量
　※※トリッパのトマト煮 …… 60g
　コンソメ …… 100cc
　※※※トマトソース …… 20g
　白インゲン豆（茹でる）…… 40g
　クスクス用スパイス …… 少々
　アリッサ …… 適量
　塩・胡椒 …… 適量

※漬け込み用スパイス

チリパウダー、コリアンダー、クミン、カルダモン、ターメリックなどを中心に好みや季節によってブレンドを変える。

※※トリッパのトマト煮

玉ネギ、人参、ネギ、セロリのみじん切りを炒め、下処理して細切りにしたハチノスとトマトソースを加えて煮込み、調味したもの。一度にまとめて仕込み、容器に入れて冷蔵保存し、必要に応じて温めて使用。

※※※トマトソース

ニンニク、玉ネギのみじん切りを炒め、ホールトマトを加えて煮詰めたもの。

作り方

1 丸腸は水でよく洗い、塩をふってもみ、洗う。ひと口大に切って容器に入れ、材料Aを合わせてよく混ぜ、冷蔵庫にストックする。→ `Point 1` `Point 2`

2 ナス、トマト、ズッキーニなどはひと口大に切り、オリーブオイルでさっと炒め、塩、胡椒をふる。まとめて炒めてストックしておくとよい。

3 鍋にトリッパのトマト煮と **2**、コンソメ、トマトソース、白インゲン豆を入れて煮立てる。

4 **1** の丸腸を加える。火が通ってやや煮詰まる程度まで煮る。煮すぎて丸腸が硬くならないように注意する。

5 クスクス用スパイスをふり、アリッサ、塩、胡椒で味を調える。→ `Point 3`

Point

1 丸腸は、油っこくならないように、脂身が少なめのものを選んでいる。

2 丸腸を漬け込むスパイスは、夏なら辛味のあるチリパウダーを増やすなど、その時々でブレンドを調整する。

3 クスクス用スパイスは、カレー粉とクミンを加えたものでも代用可。

牛ハツのレンズ豆の
サラダ仕立て

材料（1人前）

牛ハツ …… 100g
塩・胡椒 …… 各適量
※レンズ豆のサラダ …… 30g
※※野菜類
（紅芯大根・ミニ大根・黄色人参・ラディッシュ・
フルーツトマト・ルッコラ等）…… 各適量
フレンチドレッシング …… 適量
ポワブル・ロゼ …… 少々

※レンズ豆のサラダ

茹でたレンズ豆とみじん切りにした
キュウリ・パプリカ（赤・緑）・エシャ
ロットを、オリーブオイル、ディ
ジョンマスタード、レモン汁、塩、
胡椒で和えたもの。

※※野菜類

野菜は種類をそろえて彩りよく。ト
マトやラディッシュはくし形に切り、
大根、ニンジン等は薄く切り、水に
放してパリッとさせ、水気を切って
おく。

作り方

1 掃除して切り分けた牛ハツ。塊のまま塩、胡椒を
少々ふる。

2 溝つきのグリルを熱して**1**をのせ、格子状に焼き
目がつくように全面を焼く。

3 **2**を5mm程の厚さに斜めそぎ切りにする。

4 皿にレンズ豆のサラダをのせ、**3**をのせてかるく塩、
胡椒をふり、ポワブル・ロゼを砕いてふる。野菜
を色どりよく配し、フレンチドレッシングをかける。

アバジュレ

スーパーチャーハンZ

牛 ハチノス 豚 耳 980円

コンソメでアルデンテに炊いた米類を、バターのコクを加えて香ばしく炒める。パラリと仕上げたご飯の中に歯応えのよいアバやキノコが踊り、バター醤油の香りが食欲をそそる。目玉焼きは半熟にして、からめて食べてもらう。まかないだったものを発展させてメニューに加えた料理で、ユニークなネーミングも好評だ。

牛 ミックス 豚 耳 600円

トリッパ、センマイ、豚ミミなど、『Tatsumi』で扱う様々なアバ（臓物）が入った、いわば煮こごり。看板メニューのひとつで、豚足などのコラーゲンの多い部位の下ごしらえでできたジュ・ド・コションを活用し、ゼラチン等は一切加えない。季節の野菜を添え、ソースは自家製フレンチドレッシングを利用。

アバジュレ

材料 (テリーヌ型1台分)

　※アバ …… 約500g

　※※ジュ・ド・コション …… 250cc

　コンソメ …… 250cc

　シェリービネガー …… 大さじ1

　塩・胡椒 …… 各適量

材料A

┌ エシャロット（みじん切り）…… 大さじ2

│ パセリ（みじん切り）…… 大さじ1

└ コルニッション（みじん切り）…… 8本分

つけ合わせとソース (1人前)

┌ 赤キャベツのブレゼ …… 適量

│ 粒マスタードの酢漬け …… 適量

│ フレンチドレッシング …… 適量

│ パセリ（みじん切り）…… 適量

└ 黒胡椒…適量

※ アバの下処理

　ハチノス、センマイ、ギアラ、豚ミミなどは、塩でよくもんで丁寧に洗い、3回ほど茹でこぼした後、別々にコンソメで茹でる。これを料理に合わせて切り、使用する。なお、リ・ド・ヴォーはコンソメと香草を煮立たせた中で5分ほど茹で、皮と筋を取り除き、用途に合わせて切る。

使用するアバ。左上から右回りに、ギアラ、牛大腸、子牛タン、牛アキレス腱、豚ミミ、センマイ、ハチノス、リ・ド・ヴォー。

※※ジュ・ド・コション

　茶色いゼリー状のものがジュ・ド・コション。豚足や豚耳など、コラーゲンの多い部位をコンソメで下煮したときに出た煮汁をとっておき、この煮汁で新しいものを下煮するという工程を4回ほど繰り返す。この煮汁を冷やすと、写真のようにしっかりしたゼリー状に固まる。

作り方

1 アバはそれぞれ細切りにするか小さめの角切りにする。

2 鍋にジュ・ド・コションとコンソメ、**1**のアバを合わせて煮る。

3 **2**が煮立ったら浮いてきたアクや余分な脂を丁寧に取り除きながら煮る。→**Point**

4 煮始めの状態から煮汁が1cm分ほど減ったらシェリービネガーを加え、味をみながら塩、胡椒で調味する。

5 再度煮立ったら火を止めて材料Aを加え混ぜ、ラップを敷き込んだテリーヌ型に流し入れる。

6 氷で冷やし、冷蔵庫で完全に冷やし固める。
7 6を1人前に切り分けて皿に盛り、つけ合わせを添え、パセリと黒胡椒を振り、フレンチドレッシングをかける。

Point

煮込むことでアバに含まれるゼラチン質をさらに引き出す。アクや脂は丁寧に取り除き、クリアな煮汁にする。

スーパーチャーハンZ

材料（1人前）
※白米と五穀米のピラフ …… 120g
豚ミミ …… 10g
トリッパ（ハチノス）…… 10g
ベーコン …… 10g
シメジ・マッシュルーム等 …… 各10g
オリーブオイル …… 適量
生姜（みじん切り）…… 少々
長ネギ（みじん切り）…… 少々
塩・胡椒 …… 適量
醤油 …… 適量
バター …… 適量
卵 …… 1個
パセリ（みじん切り）…… 少々
粗挽き黒胡椒 …… 少々

※白米と五穀米のピラフ

バターで玉ネギのみじん切り、白米、五穀米を炒め、白ワインを加え、チキンブイヨンで炊いたもの。

作り方
1 下処理の済んだ豚ミミ、トリッパと、ベーコンを細切りにする。
2 キノコ類は食べやすく切る。他のキノコ類を加えてもよい。
3 オリーブオイルを熱して**1**をカリカリに炒め、**2**と生姜、長ネギを加えて火が通るまで炒める。
4 ピラフをほぐしながら加えて炒め合わせ、塩、たっぷりの胡椒を加え、醤油とバターを加えてあおる。
5 別のフライパンで半熟の目玉焼きを作る。
6 皿に**4**を盛って**5**をのせ、パセリと黒胡椒をふる。

アバ汁

牛　ミックス　豚　耳　　　　1250円

お客がホッとできるような料理を提供したいと考え、モツ煮込みをアレンジ。野菜は根菜を中心にし、大ぶりに切って硬めに茹で、あえて嚙み応えを活かす仕上がりに。アバの旨みが存分に味わえる。唐辛子ベースのペースト調味料・アリッサが全体をピリッと引き締める。

材料（1人前）

※アバ …… 80g
レンコン …… 適量
人参 …… 適量
ゴボウ …… 適量
大根 …… 適量
※※アバの煮汁 …… 適量
アリッサ …… 適量
塩・胡椒 …… 適量
万能ネギ（小口切り）…… 少々
粗挽き黒胡椒 …… 少々

※アバ

ギアラ、センマイ、アキレス腱、豚ミミなどを組み合わせる。下処理法は「アバジュレ」（P126）を参照。アバの組み合わせや量は特に決まりはなく、その時々であるものを活用している。材料をむだなく使い切るためにも有効。

※※アバの煮汁

トリッパなどを下処理するときにコンソメで煮た煮汁。

作り方

1 下処理したアバはそれぞれ食べやすく切る。ギアラやセンマイ、豚ミミなどは細切りに、トリッパは1cmぐらいの幅に切る。

2 野菜は大きめのひと口大に切り、食感を残すように下茹でする。→**Point**

3 鍋にアバの煮汁と**1**、**2**を入れて軽く煮込む。火を止める直前にアリッサ、塩、胡椒を加えて味を調える。

4 器に盛り、万能ネギと粗挽き黒胡椒をふる。

Point

野菜は根菜を中心に季節のものを使用。茹でたインゲン豆などを加えてもよい。

豚セルベルのパリパリ焼き

 豚　脳　‑‑ 1100円

セルベルは脳みそ。ふわっとしたセルベルとパリパリに
焼き上げたパート・フィロー（ごく薄い油分を含まない
小麦粉生地）の食感のコントラストがこの料理の魅力。
セルベルはあらかじめ1食分ずつ分けて冷凍し、使う
ときは半解凍の状態に。こうすると扱いやすく、火の通
り具合もよい状態で仕上げられる。

材料（1人前）

※豚セルベル …… 50g

塩・胡椒 …… 各少々

パート・フィロー …… 2枚

マッシュルーム …… 1個

グリュイエールチーズ …… 適量

※※エスカルゴバター …… 適量

オリーブオイル …… 適量

※※※アリッサ …… 適量

ルッコラ …… 適量

フレンチドレッシング …… 適量

※豚セルベルの仕込み

豚セルベルを氷水に浸し、水の中で全体を覆う膜や血管を取り除く。1食分ずつカットして8cm程度の棒状に形を整えながらラップに包み、冷凍保存しておく。

※※エスカルゴバター

室温に戻したバターにニンニクとパセリのみじん切りを適量合わせたもの。

※※※アリッサ

唐辛子がベースのペースト状調味料。ハリッサともいう。

作り方

1 冷凍していた豚セルベルを半解凍にし、塩、胡椒をふる。→**Point 1**

2 パート・フィローを2枚重ねて縦長に広げ、薄切りにしたマッシュルームを並べ、**1**をのせる。その奥にグリュイエールチーズを置き、エスカルゴバターをのせる。

3 パート・フィローを春巻きの要領で巻いて包む。手前から2回ほど巻き、左右を折り込んで最後まで巻き上げる。→**Point 2**

4 小ぶりのフライパンにオリーブオイルをやや多めに熱し、**3**を入れ、フライパンの中で転がして全体にオリーブオイルをまぶしつけ、とじ目を下にして焼く。

5 フライパンごと220℃のオーブンに入れて10分焼き、いったんとり出して上下を返し、さらに10分焼く。こんがりきつね色に焼き上げる。

6 皿にアリッサを敷いて**5**をのせ、ルッコラを飾り、フレンチドレッシングをかける。

Point

1 セルベルがあっさりとした風味のため、塩はやや強めにふるとよい。

2 内側に空気が入らないようにきっちりと巻く。また、パート・フィローは非常に薄く乾燥しやすいため、作業は手早く行なう。

韓国さくら亭 本店

季節感を盛り込んだ一品料理をワンシーズンごとに約20種入れ替えるなど、
焼肉から一品料理まで充実のメニューを誇る京都の人気店『韓国さくら亭』。
料理テーマは「韓国と日本の融合」で、日本食材で作る韓国料理や日本の家庭料理を
韓国風にアレンジして提供し、随所に京都らしさもプラスする。ホルモン料理もまた然り。
新しい食べ方の提案を得意とする同店に多彩な創作メニューを試作してもらった。

ミノ湯引きと明太子プチプチ和え

ナス+天肉の焼きびたし

ロールモツキャベツ

 牛　気管・小腸・センマイ　　参考売価 1080円

合い挽き肉の代わりに複数のホルモンとトッポキを巻いたロールキャベツ。ポトフをイメージした具だくさんのスープを加えている。ホルモンは食感のバリエーションを考え、ホソ（牛小腸）とウルテ、センマイを使用。ハツやテッチャンを使うのもおすすめという。ピリッと刺激を感じるトマトスープと存在感のある具が冬メニューに最適。

牛　ほほ肉　　　　　　　参考売価 780円

作り置きが可能なため、つきだしとして提供でき、日持ちする「なすの焼き浸し」をイメージ。ナスを天肉（牛ほほ肉）のスライスで巻き、だしで炊いて仕上げる。天肉はタレに浸してもその食感を維持でき、変色しないこと、煮くずれしないことから選んだ。「おいしくて、使い勝手が良いのにあまり知られていないため、広めたい部位」だという。

牛　ミノ　　　　　　　　参考売価 1080円

かつて同店で人気だった「イカと明太のプチプチ和え」をアレンジ。イカの代わりにミノを用い、氷水で引き締めることでコリコリと小気味よい食感に。プリプリのエビやねっとりするクリームチーズ、プチプチのトビコなどを合わせ、食感のリズム感が楽しい前菜を目指した。トマトの器のビジュアルも愛らしく、女性受けのよい一品だ。

ミノ湯引きと
明太子プチプチ和え

材料（1人前）

　※ミノ …… 50g

　トマト …… 1個

　エビ …… 3尾

　アスパラガス …… 1本

　ブロッコリー …… 1房

　クリームチーズ …… 20g

明太子ソース

[　明太子 …… 大さじ2

[　シーザードレッシング …… 大さじ2

　トビコ …… 大さじ1

　ベビーリーフ …… 適量

　ミックスハーブ …… 適量

作り方

1 トマトは湯剥きをしてから上部1/3をカットし、中身をくり抜いておく。

2 エビは殻と背わたを取り除いて茹でる。アスパラガスははかまを取り除いてから茹で、ひと口大に切る。

3 ブロッコリーも茹でてからひと口大に切る。クリームチーズもひと口大に切っておく。

4 鍋に湯を沸かし、塩と酒（分量外）を加えてミノを茹で、しっかり火が通ったら引き上げる。急冷するために氷水に落とし、冷えたら引き上げる。

5 ボウルに**2**、**3**、**4**を入れ、明太子ソースで和える。

6 器に明太子ソースを敷き、**1**のトマトをのせ、**5**を詰めてトビコを上にトッピングする。ベビーリーフ、ミックスハーブを散らす。

※ミノの仕込み

同店では掃除・下処理済みのミノを仕入れ、肉厚な上ミノ（マウンテンチェーントライプ）を使用する。肉厚なので食べやすさと味が入り込みやすいことを考え、深めの鹿の子庖丁を入れてから2cm幅にカットする。

ナスと天肉の焼きびたし

材料（1人前）

　天肉（牛ほほ肉）…… 150g

　ナス …… 1本

　白ネギ …… 5cm分

　サラダ油 …… 適量

　塩・胡椒 …… 適量

　つゆ（市販品「創味のつゆ」）…… 400cc

　一味唐辛子 …… 適量

作り方

1 掃除済みのほほ肉は、スライサーで2.5mm厚にカット。

2 ナスはへたを落とし、縦に1/4に割る。白ネギは斜めに薄切りにする。

3 フライパンにサラダ油をひき、**2**のナスに5割程度に火が入るよう、中火で焼く。

4 焼いたナスを芯にして天肉を巻く。巻き終わりを底にして、油をひいたフライパンに入れて中火で焼く。

5 **4**に塩・胡椒をし、つゆを加えて中火で炊く。

6 肉に火が通ったら火からおろし、器に盛り付け、白ネギを天盛りにして一味唐辛子をふる。

ロールモツキャベツ

材料（1人前）

ロールキャベツ

 ※ウルテ（気管）…… 20g

 ※ホソ（牛小腸）…… 20g

 ※センマイ …… 20g

 キャベツ …… 外葉6枚

 トッポキ …… 6本

スープ

 人参 …… 1本

 ジャガイモ …… 2個

 カボチャ …… 50g

 シメジ …… 1パック

 玉ネギ …… 1個

 バター …… 大さじ1

 白ワイン …… 大さじ3

 ホールトマト …… 1缶

 水 …… 150cc

 塩・胡椒 …… 適量

 赤ワイン …… 200cc

 トマトジュース …… 100cc

 粉唐辛子 …… 大さじ1

 パセリ …… 適量

 粗挽き黒胡椒 …… 適量

※各ホルモンの仕込み

ウルテは細かく庖丁目を入れ、2mm幅にカット。ホソは掃除・下処理済みのものを2cm幅にぶつ切り。センマイはぬめりや汚れを取り除き、布巾で水気をふき取る。ヒダ数枚でサク取りしたものを、食べやすい大きさに根元の株ごとぶつ切りにする。

作り方

1 ウルテ、ホソ、センマイは沸騰した湯で茹で、身が縮んできて火が通ったら引き上げる。キャベツもさっと下茹でする。

2 トッポキと各ホルモンを芯にしてキャベツを巻き、巻き終わりを爪楊枝で止めてロールキャベツを6個作る。

3 スープを作る。人参、ジャガイモは皮をむいて乱切りにし、カボチャは食べやすい大きさに切る。シメジは石づきを落としてばらす。玉ネギはくし形切りにする。

4 熱した鍋にバターを落とし、香ばしい香りがしてきたら**3**を加える。玉ネギが少し透明になるまで炒める。

5 **4**に白ワインを加え、アルコールが飛んだらホールトマトを加え、トマトを木べらでつぶす。水と塩・胡椒を加え、野菜に火が通るまで煮る。

6 火が通ったら赤ワインとトマトジュースを加え、ロールキャベツを加える。全体に味がまわるまで煮込む。

7 粉唐辛子を加え、味がまわったら火を止める。器に盛り付け、刻んだパセリと黒胡椒をふる。

トントロハニーマスタード

🐷 豚 首肉　　　　　　　参考売価　880円

「トントロを主役にした夏メニューを」と考案。チャーシューと辛子の相性をイメージし、トントロとマスタードの取り合わせに、滋養のあるハチミツを合わせた。また「食べて元気になる」をコンセプトにしたため、「ポッサム」のようにたっぷりの野菜と一緒に巻いて食べるスタイルに。美しい色どりも魅力的だ。

センマイコロコロ焼
~赤味噌で~

牛 センマイ 　　　　　　　　参考売価 880円

味噌ダレでもんだセンマイを焼き、だしにつけて食べる。和食のアイデアを取り入れた新感覚の焼肉メニュー。合わせ味噌の濃厚な味が、きのこ入りのだしにつけて食べることで和らぐ。ボイルした刺身メニューか、焼いてコチュジャンのタレで食べることが多いセンマイの新しい食べ方を提案している。

カレー味ミノジャガ焼き

牛 ミノ 　参考売価 1280円

カレー風味の鉄板焼き。淡白な味わいのミノに誰もが好むカレーを合わせ、ホルモンが苦手な人も食べやすく、ホルモンの間口を広げる一品だ。柔らかい上ミノを使用し、鹿の子に深く庖丁目を入れて食べやすくしており、コチュジャンの辛みとトマトの酸味、チーズのまろやかさを、カレーの香りでうまくつないでいる。

トントロハニーマスタード

材料（1人前）
- ※トントロ …… 60g
- キャベツ …… 15g
- アスパラガス …… 1本
- ブロッコリー …… 1房
- 黄トマト …… 1個
- 黄パプリカ …… 1/4個
- レモン …… 1/2個
- 塩・胡椒 …… 適量
- バジルチーズソース（市販）…… 適量
- ※ハニーマスタードソース …… 適量
- 一味唐辛子 …… 少々
- 黒胡椒 …… 少々

作り方
1. トントロは脂をある程度残したものを、5mm幅にスライスしておく。
2. キャベツは大きめに切って下茹でする。アスパラガスははかまを取り除いてから茹で、ひと口大に切る。ブロッコリーも茹でてからひと口大に切る。
3. トマトは1/4に切り、パプリカは細切りに。レモンはスライスする。
4. **2**を下茹でした際の湯でトントロを茹で、火が通ったら引き上げる。
5. トントロとブロッコリー、アスパラガスに塩・胡椒で下味をつける。
6. 器にレモンとキャベツを敷き、**5**をのせてトマトとパプリカを散らし、バジルチーズソースを器の縁にかける。
7. 上からハニーマスタードソースをかける。一味唐辛子と黒胡椒を全体にふりかけて提供。

※ハニーマスタードソース

材料
- ハチミツ …… 大さじ1
- 薄口醤油 …… 大さじ1/2
- 粒マスタード …… 大さじ1
- レモン果汁 …… 1/2個分
- 黒胡椒 …… 少々

作り方
すべての材料をよく混ぜ合わせる。

センマイコロコロ焼
〜赤味噌で〜

材料（1人前）
- センマイ …… 150g

味噌ダレ
- 白味噌 …… 大さじ1
- 赤味噌 …… 大さじ1
- 酒 …… 大さじ1
- 塩・胡椒 …… 少々
- 白ネギ …… 5cm分
- つゆ（市販品「創味のつゆ」）…… 適量
- シメジ …… 適量
- いりゴマ …… 適量

作り方
1. センマイはきれいに洗って、ぬめりや汚れを取り除き、布巾で水気をふき取る。ヒダ数枚でサク取りしたものを、食べやすい大きさに根元の株ごとぶつ切りにする。白ネギは斜め薄切りにしておく。

2. ボウルに味噌ダレの材料をすべて混ぜ合わせ、そこに**1**のセンマイを加えてもみこむ。
3. 器に盛り付け、白ネギを天盛りにする。いりゴマをふる。
4. つゆを一度沸かしてシメジを加え、少ししんなりしたら器に盛り付け、**3**と一緒に提供する。センマイをロースターで焼いてもらい、つゆにつけて食べてもらう。

カレー味ミノジャガ焼き

材料（1人前）

- ※ミノ …… 100g
- 玉ネギ …… 1個
- ジャガイモ …… 2個
- サラダ油 …… 大さじ2
- 酒 …… 大さじ1
- ホールトマト …… 1/2缶
- カレー粉 …… 大さじ2
- コチュジャン …… 大さじ1.5
- 牛だしの素 …… 大さじ1
- 砂糖 …… 大さじ2
- うま味調味料 …… 大さじ1
- 粉唐辛子 …… 大さじ1.5
- バター …… 大さじ1
- 塩・胡椒 …… 適量
- シュレッダーチーズ …… ひとつまみ
- 茹でキャベツ …… 適量
- いりゴマ …… 適量

作り方

1 玉ネギはくし形切りにし、ジャガイモは芽を取って皮付きのまま乱切りにする。

2 フライパンにサラダ油をひき、**1**の玉ネギを中火で炒め、しんなりしたら酒を加える。

3 アルコールが飛んだらホールトマトを加えて木べらでつぶしながら煮込み、**1**のジャガイモを加えて煮込む。

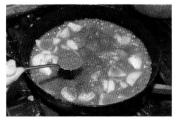

4 カレー粉、コチュジャン、牛だしの素、砂糖、うま味調味料、粉唐辛子を加え、やや煮詰まるまで中火で炊く。

5 ミノを加えてそのまま中火で炊く。→ **Point**

6 ミノに火が通ったらバターを落とし、塩・胡椒で味を調える。

7 熱した鉄板にチーズの半量をひき、やや溶けたら**6**を盛り付け、残りのチーズを散らす。茹でたキャベツを細切りにして鉄板に添え、いりゴマをふる。

Point

ミノは一度湯通ししているため、煮込みすぎて肉が硬くならないように最後の方で入れる。

※ミノの仕込み

同店では掃除・下処理済みのミノを仕入れ、肉厚な上ミノ（マウンテンチェーントライプ）を使用する。一度沸騰した湯に入れて下茹でし、身が縮んできたら引き上げ。肉厚なので食べやすさと味が入り込みやすいことを考え、深めの鹿の子庖丁を入れてから2cm幅にカットする。

ホソのチャンチャン焼

🐄 牛　小腸　　　　　参考売価　980円

ホソ（牛小腸）を野菜とともに鉄板焼きにし、マヨネーズ入りのコチュジャンダレをかけて食す一品で、北海道の「鮭のチャンチャン焼き」をイメージ。ホソの甘くまろやかな脂とマヨネーズの風味は好相性で、コチュジャンの辛みを加えることで味を引き締める。くどくならないよう、ホソを2cm程度の大きさにしているのもポイントだ。

ウルテの根菜チゲ

 牛　気管　　　　　参考売価　1080円

炊くほどに、おいしいだしが出るウルテをチゲにした一品。和食では、冬の代表的な根菜として使われるゴボウやレンコンを具の主軸とし、白菜キムチ入りのチゲと合わせることで日韓融合を図った。ピリ辛く旨みのあるスープとコリコリ食感のウルテ、滋味が広がる根菜の組み合わせが好相性。

もつ炒め焦がしバター

青ジソ酢橘

🐄 小腸・大腸・ミノ　参考売価 1080円

かねてより同店が提案しているホソ（牛小腸）とバターの組み合わせを、鉄板焼きで展開させたメニュー。食べ飽きないようホソの他にテッチャンとミノを加え、塩・胡椒・バターの味つけで、たっぷりのネギと一緒に食べる。また、年配客もさっぱりと味わえるよう、仕上げにエゴマの葉を散らし、すだちを絞ってもらうことで清涼感をプラス。

ホルモンフォンデュ

🐄 小腸・大腸・ミノ　参考売価 1280円

コチュジャンで味つけしたホルモン類を、チーズフォンデュのように楽しめる、グループ客が盛り上がりそうな一品。ホルモンは用意しやすいホソとミノ、テッチャンを使用。チーズクリームは作り置きでき、提供前に温めて出すだけという効率の良さも魅力だ。ピリ辛のホルモンが、チーズをつけることでまろやかな味わいに。

ホソのチャンチャン焼

材料（1人前）
　ホソ（牛小腸）…… 150g
　キャベツ …… 40g
　シメジ …… 1/2パック
　白ネギ …… 5cm分
　サラダ油 …… 大さじ1
　酒 …… 大さじ1
　塩・胡椒 …… 適量
　※コチュジャンタレ …… 適量

> ※コチュジャンタレ
>
> コチュジャン、ゴマ油、酢、濃口醤油、砂糖、マヨネーズをすべて同割で混ぜ合わせて作る。

作り方

1　ホソ（牛小腸）は掃除・下処理済みのものを使用。2〜2.5cm幅に切り分ける。
2　キャベツはひと口大に切り、シメジは石づきを落としてばらす。白ネギは斜め薄切りにしておく。
3　フライパンにサラダ油をひき、切り分けた牛小腸を中火で炒める。
4　小腸の表面にこんがり焼き色がついたらキャベツとシメジを加えてさらに中火で炒め、酒と塩・胡椒を加えて炒める。
5　鉄板を熱しておき、アルミホイルを敷いて4を加え、鉄板ごと加熱してグツグツさせる。白ネギを天盛りにする。
6　別の器にコチュジャンタレを入れて5と一緒に提供。お客の目の前でコチュジャンタレをかけ、湯気が一気に立つ演出もできる。

ウルテの根菜チゲ

材料（1人前）
　ウルテ（気管）…… 60g
　レンコン …… 4cm分
　ゴボウ …… 30g
　人参 …… 1/2本
　カボチャ …… 50g
　ニラ …… 適量
　水 …… 300cc
　つゆ（市販品「創味のつゆ」）…… 大さじ1/2
　酒 …… 大さじ1
　赤味噌 …… 60g
　白菜キムチ …… 50g
　粉唐辛子 …… 大さじ1
　タカノツメ …… 1本

作り方

1　ウルテはきれいに掃除をし、鹿の子に庖丁目を入れ、ひと口大に切る。
2　レンコンは厚さ1cmにスライスし、ゴボウと人参は食べやすい大きさに乱切りに。カボチャもひと口大に切る。ニラは3〜4cmの長さに切る。
3　石鍋に水、つゆ、酒を入れ、中火にかけて一度沸騰させてからウルテを加える。→**Point**
4　3が沸いたらレンコン、ゴボウ、人参、カボチャを加え、人参に火が通るまで炊く。
5　赤味噌と白菜キムチを加え、味がなじむまでそのまま炊く。
6　粉唐辛子とタカノツメを加える。味がまわったらニラをのせて提供。

Point

ウルテは煮込むほど味が出るので、一番最初に鍋に加える。

ホルモンフォンデュ

材料（1人前）
- ホソ（牛小腸） …… 15g
- テッチャン（牛大腸） …… 15g
- ミノ …… 15g
- 白ネギ …… 15cm分
- アスパラガス …… 1本
- キャベツ …… 2枚
- ブロッコリー …… 1房
- レモン …… 少々
- サラダ油 …… 適量
- 酒 …… 適量
- トッポキ …… 5本

調味料A
- コチュジャン …… 大さじ1
- 塩・胡椒 …… 少々
- うま味調味料 …… 小さじ2
- 砂糖 …… 小さじ2
- おろしニンニク …… 小さじ2
- 水溶き片栗粉 …… 適量

チーズクリーム
- バター …… 50g
- 小麦粉 …… 大さじ3
- 牛乳 …… 100cc
- シュレッダーチーズ …… 30g
- 塩・胡椒 …… 適量

作り方
1 ホソとテッチャンは掃除・下処理済みのものを使用。それぞれ2cm幅に切り分ける。ミノは肉厚な上ミノを使い、深めに鹿の子庖丁を入れて2cm幅にカットする。
2 白ネギは3cm幅にぶつ切りにし、アスパラガスははかまを取り除いてから茹で、ひと口大に切る。キャベツとブロッコリーは茹でてからひと口大に切る。レモンは銀杏切りにしておく。
3 フライパンにサラダ油を熱し、白ネギとホソ、ミノ、テッチャンを中火で炒める。
4 ホルモン類に火が通ったら酒を加え、アルコールが飛んだらトッポキと調味料Aを加えて中火でさらに炒める。味がまわったら、水溶き片栗粉でとろみをつける。
5 器にキャベツを敷き、4を盛り付けてブロッコリーとアスパラガスとレモンをのせる。
6 チーズクリームを作る。鍋にバターを熱し、小麦粉を加えて練り、牛乳を少しずつ加えてのばす。最後にチーズを加えて混ぜ合わせ、塩・胡椒で味を調える。器に盛り付け、5と一緒に提供。

もつ炒め焦がしバター
青ジソ酢橘

材料（1人前）
- ホソ（牛小腸） …… 40g
- テッチャン（牛大腸） …… 40g
- ミノ …… 40g
- 玉ネギ …… 1/2個
- 白ネギ …… 20cm分
- サラダ油 …… 適量
- 酒 …… 適量
- 塩・胡椒 …… 適量
- バター …… 30g
- 青ネギ（小口切り） …… 1本分
- エゴマの葉（細切り） …… 1枚
- 白ゴマ …… 適宜
- すだち …… 1個

作り方
1 ホソとテッチャンは掃除・下処理済みのものを使用。それぞれ2cm幅に切り分ける。ミノは肉厚な上ミノを使うので、深めに鹿の子庖丁を入れて2cm幅にカットする。
2 玉ネギはくし形切りにし、白ネギは5cm分を斜め薄切りに、残りの15cm分を3cm幅のぶつ切りにする。
3 フライパンにサラダ油をひき、ホソ、テッチャン、ミノを中火で炒める。
4 3に火が通ったら玉ネギ、ぶつ切りの白ネギを加えてさらに中火で炒める。
5 玉ネギが透明になったら酒を加え、アルコールが飛んだら塩・胡椒をする。
6 熱した鉄板にバターを落とし、香ばしい香りがしてきたら青ネギを敷き、5を入れ、エゴマの葉と薄切りにした白ネギをのせる。白ゴマをふり、すだちを添えて提供。絞って食べてもらう。

野菜たっぷり
コリアンポトフ

焼肉店 ナルゲ

韓国料理研究家の金　徳子さんが手掛ける『焼肉店　ナルゲ』。
Ａ５ランクの和牛を使った焼肉をはじめ、伝統にのっとった韓国料理、
和洋のテイストを取り入れたオリジナル料理を提供し、
韓国政府推進の韓食財団より「優秀な韓国レストラン」にも選ばれた名店である。

オーナー
金 徳子氏

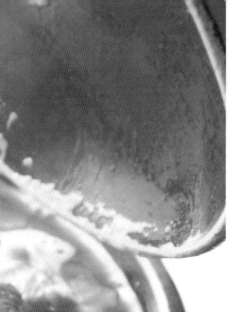

🐄 牛　ハチノス・ギアラ・ミノ・ハラミ

身近な洋風料理・ポトフを韓国風にアレンジ。ハチノスやギアラなどの内臓肉とともに、たっぷりの野菜を煮込み、鍋仕立てで提供。鶏ガラスープをベースにしつつ、肉や野菜から出る旨みが加わり、あっさりしながらコクのある食べ飽きない味わいだ。具は大ぶりにカットして食べ応えを工夫。さらにナツメなど体によい漢方薬材も取り入れ、おいしさとヘルシーさを打ち出している。

牛舌の紅茶煮

🐄 牛　タン

煮る際に紅茶を使うことで臭みを取り除き、色よく仕上げる。煮込んだ後、あら熱がとれるまで煮汁に漬け込んでおくことで、冷めても柔らかくジューシーな食感が続く。作り置きができる便利な一品だ。葉もので巻き、白髪ネギとともに食べるのがおすすめ。定番のチョジャン、ピリッとさわやかなマスタードダレ、塩麹をベースにした塩麹ダレなど、色々なタレを添えることで魅力をよりアップ。

野菜たっぷり
コリアンポトフ

材料（4人前）
　ハチノス …… 50g
　ギアラ …… 50g
　ミノ …… 50g
　牛ハラミ …… 50g
　材料A
　┌ ニンニク（薄切り）…… 2片分
　└ 生姜（薄切り）…… 1片分
　赤ワイン …… 適量
　鶏ガラスープ …… 600cc
　里イモ（小）…… 5個
　小玉ネギ …… 4個
　人参 …… 1/2本
　芽キャベツ …… 4個
　ナツメ …… 3個
　材料B
　┌ 酒 …… 大さじ3
　│ 濃口醤油 …… 大さじ2
　│ 味醂 …… 大さじ1
　│ 塩 …… 小さじ2
　└ 胡椒 …… 小さじ1

作り方

1 ハチノス、ギアラ、ミノ、ハラミは、ひと口大に切り、一度茹でこぼしておく。

2 鍋に**1**、材料A、赤ワインを入れ、鶏ガラスープを張る。中火で20分煮る。

3 里イモは六方に皮をむく。小玉ネギは皮をむく。人参はシャトー切りにする。

4 **2**に**3**と芽キャベツ、ナツメを入れ、材料Bで調味する。約10分煮込む。

牛舌の紅茶煮

材料（1回の仕込み量）
　牛タン …… 1本
　塩 …… 小さじ2
　胡椒 …… 適量
　酒 …… 大さじ2
　紅茶のティーパック …… 小3個
　レタス …… 適量
　白髪ネギ …… 適量
　万能ネギ …… 適量
　※ 塩麹ダレ …… 適量
　※※ マスタードダレ …… 適量
　チョジャン …… 適量

作り方

1 牛タンはタン下の部分が付いたものを使用。皮をむき、水できれいに洗っておく。

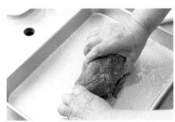

2 塩、胡椒をすりこむ。写真のように水分が出てくるまで置く。

3 鍋に、牛タンが浸る程度の水と、酒、紅茶のティーパックを入れ、強火にかけて沸かす。

4 沸騰したら火を弱めの中火にし、ティーパックを取り除く。さらに1時間ほど煮込む。

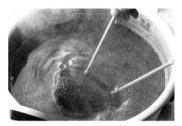

5 牛タンに箸が通るほどに柔らかくなったら、火を止める。煮汁に漬け込んだままの状態であら熱をとる。そのまま容器に移して保存する。冷蔵保存も可能。

6 注文が入ったら牛タンを薄切りにし、レタスを敷いた皿に盛り付ける。白髪ネギ、万能ネギをあしらい、塩麹、マスタード、チョジャンの3種のタレを添える。

※ 塩麹ダレ

材料
　青唐辛子 …… 1本
　赤唐辛子 …… 1本
　塩麹 …… 大さじ5
　味醂 …… 大さじ1

作り方
　青唐辛子と赤唐辛子を細かくみじん切りにし、塩麹、味醂と混ぜ合わせる。

※※ マスタードダレ

材料
　辛子 …… 小さじ2
　酢 …… 少々
　砂糖 …… 少々
　塩 …… 少々

作り方
　すべてを混ぜ合わせる。酢と砂糖の量は、好みで調整する。

牛タンはレタスや白髪ネギとともに、各種タレをつけて巻いて食べてもらうのがおすすめ。

豚足のコラーゲン煮

東京ホルモン鍋

牛　直腸・心臓・小腸・ハチノス　　2人前・2380円

鮮度のよい内臓肉類と野菜をたっぷり盛り込んだインパクト抜群の鍋メニュー。鍋汁は鶏ガラスープをベースにし、内臓肉と野菜から出るだしも活かして調味。自家製コチュジャンや粉唐辛子で作るタレで甘辛い味に仕上げている。内臓肉は、味や食感のバランスも考慮し、しま腸、ハツ、丸腸、ハチノスを使用。

豚　豚足

コラーゲン豊富でぷりぷりした食感の豚足を、関節でカットし、女性でも食べやすい形で提供。トッポギと組み合わせ、食感の違いでも楽しませる。仕上げにはチーズをかけ、洋風のテイストと味の深みをプラス。豚足は、しっかり下茹ですることで臭みを取り除き、後の調理も簡単に。注文ごとにコチュジャンベースの甘辛いタレで炒め煮にする。

豚足のコラーゲン煮

材料

- 豚足（ボイル）…… 1/2本
- 白菜キムチ …… 50g
- 玉ネギ …… 1/2個
- ゴマ油 …… 適量
- おろしニンニク …… 少々
- 鶏ガラスープ …… 200cc
- コチュジャン …… 大さじ2
- 味醂 …… 大さじ1
- トッポギ …… 6本
- しし唐 …… 3本
- ニラ …… 1/3束
- チーズ …… 適量
- 白髪ネギ …… 適量
- 万能ネギ …… 適量
- いり白ゴマ …… 適量

作り方

1 下茹でした豚足を、4等分のぶつ切りにする。白菜キムチはザク切り、玉ネギは薄切りにする。

2 フライパンにゴマ油をしき、**1** を入れて炒める。玉ネギが透明になってきたら、おろしニンニクを加え、鶏ガラスープを加えてコトコトと煮込む。

3 コチュジャンを味醂で溶き、トッポギとともに **2** に加える。弱火で軽く煮込む。

4 豚足が柔らかくなってきたら、しし唐、ざく切りのニラを加えて軽く煮込む。ニラに火が通ってきたら、チーズをかけ、とろけたら完成。

5 器に盛り付け、白髪ネギを飾る。いり白ゴマをかけ、小口に切った万能ネギを散らす。

東京ホルモン鍋

材料

野菜類
- キャベツ（ザク切り）…… 1/4個
- モヤシ …… 200 g
- ニラ …… 適量
- 長ネギ …… 適量
- 人参（スライス）…… 少々

豚バラスライス …… 5枚（約100 g）

ホルモン類
- しま腸 …… 5枚（約75 g）
- ハツ …… 5枚（約75 g）
- 丸腸 …… 5枚（約75 g）
- ハチノス …… 5枚（約75 g）

ゴマ油 …… 適量
※タレ …… 適量
粉唐辛子（中粗挽き）…… 適量
鶏ガラスープ …… 適量

作り方

1 ホルモン類はそれぞれ掃除・下処理を済ませ、食べやすい大きさにカットしておく。

2 鍋にニラ以外の野菜類を入れ、その上に豚バラ肉のスライスを広げる。ホルモン類をのせ、ゴマ油をかける。ニラをのせ、タレをかける。粉唐辛子をかけ、鶏ガラスープを張る。

※タレ

材料（3〜4人前）
- 自家製コチュジャン …… 240 g
- 米麹味噌 …… 60 g
- 濃口醤油 …… 70cc
- 酒 …… 180cc
- 味醂 …… 100cc
- 砂糖 …… 90 g
- ニンニク …… 少々
- 粉唐辛子（粗挽き）…… 適量

作り方
すべてを混ぜ合わせておく。

写真上のように豚バラ肉を中央にのせ、そのまわりにホルモン類を部位ごとに配置していく。コチュジャンベースのタレと粉唐辛子をかけ、鶏ガラスープを張る（写真下）。

SOLA グループ

(そら)

串焼きを売り物にする『うっとり』や炭火焼きと魚介料理が名物の『あばら大根』などの
居酒屋をはじめ、炭火料理と多彩な魚介料理のスパニッシュイタリアンを楽しませる
『Azzurro 520』など、21ブランド81店舗を展開する㈱そら。
各店とも地域のニーズを捉えた業態力で繁盛している。
ホルモン料理は商品のバリエーションを広げる要素の一つとして各店のメニューに導入。
"楽しい・すごい・びっくり"をお客に感じてもらうことを念頭に、
価格以上の魅力を打ち出せるように日々ブラッシュアップさせている。

　小腸　　　　　　　　　　　参考売価 1980円

坦々麺をヒントに開発した、濃厚なゴマ風味の中華風もつ鍋。ホルモンの脂とゴマの旨みが絡み合い、印象に残る味だ。鍋汁には黒ゴマペーストとイカスミを加えて驚くほど真っ黒な色味を出し、インパクトを与えている。またサラダにも使う、中華風味の挽き肉入り自家製「担々ドレッシング」を鍋汁に加え、味わいの深みも。

黒ゴマ 坦々モツ鍋

トマキムホルモン鍋

　小腸　　　　　　　　　　　参考売価 1980円

ごろんと丸ごと1個をのせたトマトがインパクト大。トマトとキムチ、ホルモン、アサリという一見奇抜な組み合わせだが、旨みたっぷりで絶妙なおいしさ。味噌を加えた鍋汁とも相性がよい。トマトは事前に皮をむいておき、食べる時の食感のよさを工夫。崩しながら食べてもらう。

トマキムホルモン鍋

材料（4人前）
　トマト …… 1個
　牛小腸 …… 180 〜 200 g
　アサリ …… 100 g
　キャベツ …… 1/4個
　モヤシ …… 1/2袋分
　ニラ …… 1/3束
　キムチ …… 100 g
　笹がきゴボウ …… 10 g
　※鍋地 …… 800cc

作り方
1 トマトは湯ぶりして冷水にとり、皮をむく。ヘタの
　　部分を取り除く。牛小腸は、ひと口大にカットする。
2 鍋にザク切りキャベツ、モヤシ、牛小腸、アサリ、
　　1のトマト、ニラ、キムチ、笹がきゴボウを盛り込み、
　　鍋地を張る。

※鍋地

材料（1回の仕込み量）
　　水 …… 2.1 ℓ
　　本だし（顆粒）…… 9 g
　　酒 …… 180cc
　　味醂 …… 180cc
　　薄口醤油 …… 180cc
　　白練りゴマ …… 60 g
　　西京味噌 …… 300 g
　　おろしニンニク …… 10 g
作り方
　　材料すべてを混ぜ合わせておく。

黒ゴマ坦々モツ鍋

材料（4人前）
　牛小腸 …… 180 〜 200 g
　キャベツ …… 1/4個
　モヤシ …… 1袋分
　ニラ …… 1/2束
　豆腐 …… 1丁
　※鍋地 …… 400cc
調味料A
┌　鶏ガラスープ …… 200cc
│　コチュジャン …… 20 g
│　練りゴマ（白）… ‥ 20 g
│　練りゴマ（黒）…… 小さじ3
│　イカスミ →**Point** …… 小さじ1
└　※※坦々ドレッシング …… 大さじ4
　輪切り唐辛子 …… 適量
　白ゴマ …… 適量

作り方
ザク切りのキャベツ、モヤシ、ニラ、ひと口大にカッ
トした牛小腸、豆腐を鍋に盛り込む。輪切り唐辛子、
白ゴマを散らす。鍋地と調味料Aを合わせ、鍋に張る。

Point

黒ゴマだけでは鍋地は真っ黒にならないので、イカ
スミをプラス。味わいはそれほど変わらずに、より
黒く仕上げることが可能だ。

※※坦々ドレッシング

材料（1回の仕込み量）
　　豚挽き肉 …… 500 g
　　豆板醤 …… 80 g
　　ゴマ油 …… 適量
　　砂糖 …… 20 g
　　オイスターソース …… 30 g
　　鶏ガラスープ …… 720 g
作り方
　　豆板醤、豚挽き肉をゴマ油で炒
　　める。砂糖、オイスターソース、
　　鶏ガラスープを加えて加熱する。

材料（1人前）

- 豚小腸 …… 160 g
- モヤシ …… 1/2袋分
- 塩 …… 適量
- 胡椒 …… 適量
- ガーリックパウダー
  …… 適量
- 甘辛ダレ（焼とり用の醤油ダレ）…… 適量
- 刻み長ネギ …… 適量
- 塩ダレ（ゴマ油ベースの塩ダレ）…… 適量
- 刻み青ネギ …… 適量
- 卵黄 …… 1個

作り方

1　豚小腸をひと口大にカットし、塩、胡椒、ガーリックパウダーで下味をつけ、炭火の網焼きにする。仕上げに炭火に油をかけて炎を上げて炙り、真っ黒に仕上げる。

2　1と同時進行で、モヤシを炒める。塩、胡椒で下味をつけ、食感を残して仕上げる。

3　器に1、2を盛り込み、甘辛ダレをかける。刻み長ネギをたっぷりとのせ、塩ダレをかける。刻み青ネギを飾り、卵黄をのせて提供。

お客にひと言「最後の仕上げを行ないます」とアナウンスしてから炎を上げる。エンターテイメント性も魅力に。

 豚　小腸　　　　　　参考売価　714円

B級グルメの大会「B-1 グランプリ」で優勝したことでも知られる神奈川・厚木のローカルフードを同店流にアレンジ。脂ののった豚ホルモンを、炭火の直火で香ばしく焼き、仕上げに油をかけて大きな炎で炙り、真っ黒に仕上げる。シャキシャキしたモヤシや刻みネギ、卵黄と組み合わせてボリューム・スタミナ感をアップ。コクのある焼とりのタレで味つけし、酒の進む味わいに。

厚木シロコロホルモン炭火焼き

マルチョウのゴボウ詰め

ひと口大に切った丸腸の中にゴボウを詰め、甘辛く炒めたつまみ料理。骨付き肉をイメージした見た目もユニークだ。プリッとした丸腸としゃきっとしたゴボウの食感の違いを楽しませつつ、ホルモンと野菜をバランスよく組み合わせることで食べ飽きしない味に。作り置きも可能だが、食感を重視するなら注文ごとに炒めるのがおすすめ。

🐷 豚　直腸　　　　　　　参考売価 504円

豚のてっぽう（直腸）と、適度な食感が残る
豚バラ軟骨を使った、味噌味のモツ煮込み。
原価的に有利な豚バラ軟骨を組み合わせるこ
とで、割安価格とボリューム感の強化を両立。
野菜やホルモン類はゴロっと大きく、存在感
をアピールできるように、素材ごとに丁寧に
下処理してから合わせている。1人前ずつ取
り分けて保存しておくことが可能で、注文ご
とに温めて器に盛り付け、固形燃料で加熱し
ながら、グツグツと温かい状態で提供する。

味噌モツ煮込み

ホルモンスタミナ炒め

🐮 牛　小腸　　　　　　　参考売価 714円

脂の旨みたっぷりの牛小腸を、野菜とともに
シンプルに炒めて提供。赤味噌やコチュジャ
ンをベースにした、内臓肉類と相性抜群の自
家製「ホルモン味噌」で、クセになる濃厚な
味に調味する。アツアツの鉄板にのせて提供。
炒める際に出る汁は片口の器に別添えする。
お客の目の前で汁を鉄板にかけ、ジューっと
音を立てるシズル感も好評だ。

マルチョウのゴボウ詰め

材料（1人前）

　ゴボウ …… 10〜12cm分

　丸腸 …… 24〜32cm分

　塩 …… 適量

　胡椒 …… 適量

　ゴマ油 …… 適量

　粗挽き唐辛子 …… 適量

　ニンニク …… 適量

　酒 …… 20cc

　味醂 …… 20cc

　砂糖 …… 少々

　濃口醤油 …… 30cc

　スライス玉ネギ …… 適量

　刻みネギ …… 適宜

　糸唐辛子 …… 適宜

作り方

1 ゴボウは5〜6cm幅に切り分け、四ツ割にする。ある程度柔らかくなるまで下茹でしておく。→**Point 1**

2 丸腸は3〜4cm幅にカットする。中心の柔らかい部分に、スプーンの柄などで穴を通す。

3 穴に**1**のゴボウを通す。塩、胡椒で軽く下味をつける。

4 ゴマ油をひき、粗挽き唐辛子と輪切りしたニンニクを入れて炒める。香りが出たら、中火にして**3**を入れて炒める。ある程度火が通ったら、やや強火にしてさらに炒める。→**Point 2**

5 丸腸の外側の皮が締まってきたら、酒、味醂、砂糖を加えて調味し、仕上げに濃口醤油を加えて軽く煮詰める。→**Point 3**

6 器にスライス玉ネギを敷き、その上に**5**を盛り付ける。刻みネギ、糸唐辛子を飾る。

Point

1 ゴボウは火の通りが悪いので、先に炊いておく方がよい。

2 炒める際は、最初は中火程度に。最初から強火にすると、丸腸の皮が鍋肌にくっついて皮が破れてしまう。

3 醤油は焦げつきやすいので、仕上げに加える。

味噌モツ煮込み

材料（1回の仕込み量）
　大根 …… 1本
　人参 …… 1本
　てっぽう（豚直腸）…… 500ｇ
　豚バラ軟骨 …… 500ｇ
　ネギ頭 …… 適量
　野菜くず …… 適量
　おろし生姜 …… 大さじ1
　焼酎 …… 少々
　玉ネギ …… 1/2個
　えのき茸 …… 1/2株
　サラダ油 …… 適量
　バター …… 適量
　塩・胡椒 …… 適量
調味料A
　┌ 本だし（顆粒）…… 小さじ3
　│ 酒 …… 90cc
　│ 白だし …… 90cc
　└ 塩 …… 大さじ1/2
材料B
　┌ 西京味噌（白）…… 135ｇ
　│ 合わせ味噌 …… 135ｇ
　│ おろしニンニク …… 小さじ1
　└ おろし生姜 …… 小さじ1
　菊脂（豚小腸まわりの脂）…… 70ｇ
　刻みネギ …… 適量

作り方
1 大根、人参は、皮をむいて適度にカットし、少し硬めに下茹でする。
2 豚のてっぽう、豚バラ軟骨は、鍋に水を張り、ネギ頭、野菜くず、おろし生姜、焼酎とともに1時間下茹でする。水洗いした後、圧力鍋に入れ、水を張って加熱する。沸騰後15分加熱を続け、火を止めてあら熱がとれるまで置いておく。
3 てっぽうと豚バラ軟骨を取り出し、ひと口大にカットする。煮汁も捨てずにとっておく。
4 薄くスライスした玉ネギ、小分けにしたえのき茸を、サラダ油とバターで炒め、塩、胡椒で味つけする。
5 水と**3**の煮汁を同割で鍋に入れ、てっぽうと豚バラ軟骨を加える。アクを取り除きながら煮込み、調味料A、**1**の野菜を加えて軽く火を通す。材料Bと**4**、菊脂を加えて軽く煮込む。
6 注文ごとに、1人前（180cc分）を器に盛って温める。刻みネギをかけて提供。

ホルモンスタミナ炒め

材料（1人前）
　牛小腸 …… 90ｇ
　サラダ油 …… 適量
　ニンニク …… 1片
　※ミックス野菜 …… 1つかみ分
　塩 …… 適量
　胡椒 …… 適量
　酒 …… 15cc
　※※ホルモン味噌 …… 大さじ2
　さらしネギ …… 適量
　白ゴマ …… 適量

※ミックス野菜

ニンニクの芽、玉ネギ、人参を適度にカットし、混ぜ合わせたもの。

※※ホルモン味噌

材料（1回の仕込み量）
　赤味噌 …… 750ｇ
　コチュジャン …… 180ｇ
　酒 …… 180cc
　味醂 …… 180cc
作り方
　赤味噌、コチュジャンに、煮切った酒、味醂を加え、加熱しながら練り合わせる。沸騰させたり、ダマにならないように注意する。

作り方
1 フライパンにサラダ油をひき、スライスしたニンニクを入れて加熱する。
2 香りが出たら、ひと口大にカットした牛小腸を入れ、炒める。塩、胡椒で味つけする。
3 ミックス野菜を加えながら炒めていく。酒、ホルモン味噌で調味する。
4 鉄板に盛り込み、余分な汁は別添えの器へ。さらしネギを添え、白ゴマをかける。

Point

「ホルモン味噌」は粘度が高いが、炒めるとホルモンから出る脂でのびてくる。それでも重いと感じたら、酒を加えて調整するとよい。

たゆたゆ グループ

『焼とん ya たゆたゆ』『大阪焼売珍』『立飲み大阪焼トンセンター』『串焼き ニューダイトン』を展開する㈲川端屋商店。
基幹店の『焼とん ya たゆたゆ』は関西に"焼きとん"を広めた第一人者。
豚肉は鹿児島の「茶美豚」を使った炭火焼メニューなどを提供。
豚ホルモンは大阪の食肉市場から新鮮なものを仕入れ、最終的な掃除・仕込みは店舗で行なう。
豚ホルモンは「味わいにクセがない分、汎用性がある」といい、ソースやタレ、調理法で変化をつけて提供。
各部位の特徴を活かして料理を組み立てている。ここでは過去に姉妹店で提供していたメニューも紹介する。

豚タン秘伝醤油漬

🐷 豚 タン   480円

豚チャーシューをイメージしつつ「普通では面白くない」と豚タンを1本まるごと使用。焼き物で楽しむことが多い豚タンの新たな魅力を引き出した。ボイルしてから皮をむき、だし醤油に漬け込んでおり、旨みの浸みこんだ味が人気である。切り分けてすぐ提供できる点も魅力の冷菜だ。

ホルモンの南蛮漬け

豚 ミックス　　　380円

食感の複雑さを考慮し、胃袋や
喉ぶえ、ハツモト、タンといった
部位をミックスし、エスカベッシ
ュをイメージしたのがこちら。サ
クサクの食感にするために使う強
力粉に、食事と酒がすすむようカ
レー粉をプラス。酸味と食感、カ
レーの風味が食欲を刺激する。
色どりもよく、さっぱりした味を
添える野菜づかいも評判。

豚 ミックス　　　480円

熱々の冬メニューとして開発。ガ
ツやハツモト、タンなどをミック
スしたホルモンに、ベシャメルソ
ースとチーズを組み合わせて洋
風にした。ベシャメルソースをサ
ラッと流れるくらいの柔らかいテ
クスチャーで仕上げるのがポイン
ト。クリーミーなソースから、プ
リプリ、グミグミといった様々な
ホルモンの食感が顔を出す。

もつグラタン

豚タン秘伝醤油漬

材料（1人前）

　豚タン …… 1本
　長ネギ（青い部分）…… 1本分
醤油ダレ
┌ 濃口醤油 …… 200cc
│ 酒 …… 200cc
│ 水 …… 50cc
└ だし …… 50cc
　オニオンスライス …… 適量
　大葉 …… 適量
　黒胡椒 …… 適量

作り方

1 豚タンは茹でた際に曲がらないよう、中心を串刺すようにして竹串を打つ。

2 鍋に湯を沸かし、湯が沸いたら**1**のタンと青ネギを入れ、中火で2時間30分、アクを取り除きながら炊く。

3 時間が経ったら火からおろし、あら熱をとる。あら熱がとれたらタンの表皮をむく。

4 醤油ダレの材料を鍋に合わせて一度沸騰させ、保存容器に入れる。タンを加えて6〜7時間漬け込む。最大7時間経ったら引き上げておく。

5 注文ごとに器にオニオンスライスと大葉を敷き、**4**をスライスして盛り付ける。黒胡椒をあしらって提供する。

ホルモンの南蛮漬け

材料（1回の仕込み量）
豚ホルモン類
（ガツ、喉ぶえ、ハツモト、タン等）…… 計300g
塩・胡椒 …… 適量
※揚げ衣…… 適量
揚げ油 …… 適量
パプリカ（赤・黄）…… 各1個
玉ネギ …… 1/2個
人参 …… 1/4本
甘酢
┌ サラダ油 …… 150cc
│ 米酢 …… 100cc
│ 砂糖 …… 50g
└ 合わせだし …… 50cc

> ※揚げ衣
>
> カレー粉と強力粉を1：5の割合で
> 合わせたもの。

作り方

1 ホルモンはフレッシュなものを使用。掃除・下処理をし、ひと口大に切ってバットに広げる。塩・胡椒をふり、揚げ衣をまぶす。
2 160℃に熱した揚げ油に**1**を入れ、きつね色になるまで揚げる。
3 パプリカと玉ネギ、人参は細切りにしておく。
4 甘酢の材料を鍋に入れ、中火で沸かす。
5 保存容器に**2**と**3**を入れ、上から熱い**4**をかけ、あら熱をとってから冷蔵庫で3〜4時間寝かせる。注文ごとに、器に盛り付けて提供する。

もつグラタン

材料（1回の仕込み量）
豚ホルモン類
（ガツ、喉笛、ハツモト、タン等）…… 計300g
ベシャメルソース
┌ バター …… 100g
│ 玉ネギ …… 100g
│ 小麦粉 …… 100g
│ 牛乳 …… 1000cc
└ 塩・胡椒 …… 適量
ミックスチーズ …… 適量
パン粉 …… 適量
パルメザンチーズ …… 適量

作り方

1 ホルモン類はそれぞれ鍋で水から下茹でしておき、しっかり火を通す。
2 ベシャメルソースを作る。鍋にバターを溶かし、あられ切りにした玉ネギを透明になるまで中火で炒める。

3 中火のまま、**2**に少しずつ小麦粉を加えながら練り合わせる。ダマが残らないように注意。
4 **3**に牛乳を少し加えて団子のような硬さにまとまったら、牛乳を100ccずつ加え、のばしていく。

5 木ベラから流れるようにして落ちる柔らかさになったら塩・胡椒で味を調える。
6 **5**に**1**のホルモンを加えてよく和える。
7 注文ごとに、1人前の耐熱皿に**6**を7分目に入れ、ミックスチーズをのせ、パン粉とパルメザンチーズをふって220℃のオーブンで6〜7分焼く。

ミミガーのヴィネグレット

豚 耳

参考売価　380円

がっつりと楽しむ肉料理が多いメニュー構成にあって「クセの無い部位で、さっぱりとつまめるものを」と開発した。コリコリと小気味よい食感が特徴の豚ミミを細切りにし、ケイパーやドライトマト、オリーブ、キュウリのピクルスといった酸味や旨みのある素材をプラス。ヴィネグレットソースで和えている。

焼とん ya たゆたゆの コラーゲン皿の アラビアータ

豚 軟骨

参考売価　650円

『焼とん ya たゆたゆ』で提供する名物「コラーゲン皿」をアラビアータにアレンジした料理。「コラーゲン皿」に使用する部位は豚の軟骨。それまで廃棄対象の部位であったが、オーナー・川端友二氏が食肉市場でそのコラーゲン質に着目。箸でも簡単に切ることができ、プルプルのコラーゲン質が女性に受け、人気に火が点いた。

ミミガーのヴィネグレット

材料（1人前）
　豚ミミ …… 100g
　ドライトマト …… 5g
　ブラックオリーブ …… 7g
　ケイパー …… 7g
　キュウリのピクルス …… 7g
　玉ネギ …… 7g
　ニンニク …… 少々
　バジル …… 2枚
ソース
　┌ 米酢 …… 7cc
　│ バルサミコ酢 …… 少々
　│ レモン汁 …… 少々
　│ オリーブ油 …… 25cc
　└ フレンチドレッシング …… 25cc
　塩・胡椒 …… 適量
　白ワインビネガー …… 適宜
　パセリ …… 適量

作り方

1 豚ミミは茹でたものを縦半分に切り、横に細切りにする。
2 ドライトマト、ブラックオリーブ、ケイパー、キュウリのピクルス、玉ネギ、ニンニク、バジルは粗みじんに切る。
3 ボウルにソースの材料を混ぜ合わせる。
4 豚ミミと**2**、**3**を混ぜ合わせる。塩・胡椒をし、酸味が足りなければ白ワインビネガーを加えて味を調える。
5 皿に盛り付け、刻んだパセリを散らす。

焼とんya たゆたゆの
コラーゲン皿の
アラビアータ

材料（1回の仕込み量）
　オリーブオイル …… 適量
　ニンニク …… 2片
　タカノツメ …… 8本
　※コラーゲン皿 …… 1kg
　ブラックオリーブ …… 10個
　トマトソース …… 300cc
　塩・胡椒 …… 適量
　白ワインビネガー …… 適宜
　パルミジャーノ・レッジャーノ …… 適量
　パセリ …… 適量

作り方

1 フライパンにオリーブオイルをひき、みじん切りにしたニンニクと種を取り除いて輪切りにしたタカノツメを中火で炒める。
2 **1**の香りが出てきたら、「コラーゲン皿」を加える。
3 中火で**2**を煮込み、ブラックオリーブを手でつぶしながら加え、さらにトマトソースを加える。
4 沸いたら塩・胡椒で味を調え、酸味が足りなかったら白ワインビネガーを加えて味を調整する。
5 器に盛り付け、パルミジャーノ・レッジャーノと刻んだパセリを散らす。

※コラーゲン皿

系列店『たゆたゆ』の人気メニュー。豚の軟骨に醤油、味醂、生姜などを加え、圧力鍋で柔らかくなるまで煮込んだものだ。

豚 ミックス 参考売価 450円

煮込むと柔らかくなる豚の白もの
と、食感を添える豚ガツを中心に、
仕込みの際に出る様々な端材を
利用した『たゆたゆ』名物の「もつ
煮込み」を洋風にアレンジ。パル
ミジャーノを加えて黒胡椒を効か
せ、直火でグラグラ加熱したでき
たてを提供。白味噌とチーズのま
ろやかな風味がリンクし、様々な
食感が楽しい一品に。

ポークトリッパ
洋風味噌仕立て

材料（1人前）
　※もつ煮込み …… 150g
　パルミジャーノ・レッジャーノ …… 適量
　黒胡椒 …… 適量
　パセリ …… 適量

作り方
　1「もつ煮込み」を耐熱皿に入れ、中火で加熱する。
　2 1が沸いてきたらパルミジャーノ・レッジャーノを
　　削り、黒胡椒をふる。仕上げに刻んだパセリをあ
　　しらい、提供する。

> ※もつ煮込み
>
> 系列店『たゆたゆ』で提供している
> もつ煮込みを活用。豚のガツや白
> ものを中心に複数のホルモンを塩
> 洗いし、4時間炊いて作る。

評判店に学ぶ

ホルモンの下処理・仕込み・商品化の技術

やきとん串焼専門店
大地

　芳賀大地氏が手がける『大地』は、しっとりと落ち着いた雰囲気の中、本格的なホルモン串焼きが楽しめる店として評判を築いている。ホルモンは豚をメインに約18〜20種類を揃え、ホルモンの種類の豊富さや部位ごとの美味しさを提案。ブレインやズイといった珍しい部位も積極的に組み込み、お客に「いろんな部位を試してみたい」と思わせる品揃えを工夫している。

　ホルモンの串焼きはシンプルな料理ゆえに、ホルモンの味わいがダイレクトに現れる。「お客様にやきとんをおいしく食べてもらうには、部位に合わせて適正に焼くことが大事。そのためには串打ちが大事。さかのぼるとカット、下処理、仕入れとつきつめていく必要がある」と芳賀氏。

　そんな中、特に大事なホルモンの仕入れでは、芝浦の信頼のおける業者から、店で使うほどの部位を仕入れている。たいていは、お店が発注したものを、業者が選んで袋詰めして店に届けるのだが、同店では毎朝芝浦の卸売りの店まで足を運び、直に目利きをしてから購入する。新鮮で質のいいホルモンの中から、さらに自店の焼き方、カットに適したものを選び取るのだ。

　店に着いたらスタッフ5〜6人が総出で下処理に取り掛かり、串打ちまで一気に行なう。"赤もの"は一頭分がつながった状態で仕入れるなど、自店で分割するものも少なくない。臭いの出やすいものから掃除を始め、生のものは芯温を上げないように低温管理を徹底し、鮮度を保つ。

　また、ここで仕込んだホルモンを、系列の『串打ち大地』（P86参照）でも使用する。ホルモンに特化しながら、やきとん、創作料理、焼肉と異なる業態で魅力的に使いこなし、ホルモンの可能性を広げている。

『大地』の仕入れ

1

仕入れを担当するのは店長の芳賀要介氏。毎日10：30に芝浦の仲卸店へ出向く。まず必ず、専用の洗面台で手を洗う。

↓

2

肉のハリや色味を確認し、自店のメニューに適した形状のものを手際よく選ぶ。

"赤もの"はタンからハラミがつながったセットの状態で仕入れ、店で分割して多彩に商品化。

↓

3

肉の芯温を上げないよう、ホルモンが入った袋に氷を詰める。

4　計量を済ませた肉を車に積んで店へ向かう。店には11：30頃到着。この間、店では他のスタッフがホルモン以外の仕込みを進めている。

『大地』が仕入れを行なう㈲芝浦嵯峨正造商店では、牛・豚の内臓肉を約50種類揃える。牛は前日の検査を通ったもの、豚はその日の朝に屠畜したものをせり落とし、パーツに分けて販売。主にもつ鍋店、やきとん店、焼肉店などに卸している。

豚レバーの仕込み

豚 レバー

串焼きや一品料理に活用。白っぽくてハリとツヤがあるものを選ぶ。
白味がかったものは血が少ないのでクセが抑えられるからだ。
仕込みでは血管をきちんと取り除き、サク取り、切り出しまで一気に行なう。
鮮度の良さを活かし、角を立たせて美しくカット。

①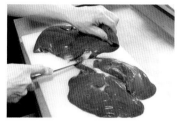

レバーは4つの房がつながっているので、血管の根元を断ち、ひと房ごとに切り分ける。

②

まな板にレバーひと房を、血管の根元を手前にして置く。根元から血管が広がっているので、1本ずつ親指を添わせて探り出し、なるべく肉の形を崩さないよう引っぱり出す。

③

太い血管をすべて抜いたら、根元を庖丁で切り落とす。血管の本数には個体差がある。

④

2.5cmほどを目安に、幅を揃えてサク取りする。

⑤

メニューに合わせ、幅を揃えて判に切り出す。容器に入れ、ラップをかけて冷蔵庫で保存する。

コブクロ の仕込み

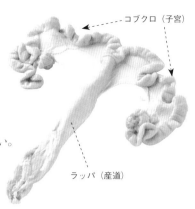

コブクロ（子宮）

ラッパ（産道）

🐷 豚　子宮

コブクロはラッパ（産道）が付いた状態で仕入れ、ピンク色で鮮度がよく、
経産前のものにこだわる。経産後のコブクロは黒ずんで臭みもあり、肉質が硬い。
ボイルの際は90℃の湯でじんわりと火を通し、柔らかく仕上げる。

 1

ラッパ（産道）部分を切り離す。ラッパは煮込みやスポットメニューに活用。

 2

コブクロの中央の付け根部分に庖丁を入れ、2本に切り離す。

 3

コブクロの先端に付いている卵巣を切り落とす。（卵巣も串に活用）

 4

コブクロに付いた硬い薄皮を、庖丁の切っ先を使ってきれいに切り取る。

 5

鍋に湯を沸かしたら火を止め、1分ほどおいた後（90℃目安）、コブクロをやさしく湯に沈める。中はややピンク色を残しつつ、表面が白く茹で上がったらザルにとる（5分目安）。屠畜から時間が経ったコブクロを使用する際は、沸騰した湯でしっかり茹でること。

 6

食べやすい大きさに、斜めに切り分ける。

 7

流水でやさしくもみ洗いして、臭いのもとになる中の汚れを落とし、水気をきってラップで包み、冷蔵庫で保管。串焼きでは1本あたり約8片を打つ。

大腸・直腸 の仕込み

🐷 豚　大腸・直腸

大腸と直腸はつながった状態で仕入れる。
色とツヤがよく、直腸部分が肉厚で傷がないものを選ぶ。
大腸は特に臭みが出やすいので最初に下処理をする。

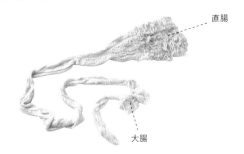

直腸

大腸

① 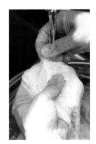 流水にさらしながら、内側のヒダ部分のぬめりをこすって落とし、外側の余分な脂をつまんで取り除く。屠畜から時間が経ったものなら小麦粉を付けて洗うとよい。

② 鍋に湯を沸騰させて大腸を入れ、再沸騰したら弱火で60分ほど茹でる。

③  茹で上がったらザルにとり、水にさらして内側のぬめりをとる。鮮度がよいので適度に洗い、身を傷付けないようにする。キッチンペーパーで水気を拭き、ラップで包んで冷蔵庫で保存。

チレ の仕込み

🐷 豚　脾臓

赤身の部分が全体的に肉厚で、網脂が白くてきれいであることが選ぶポイント。
レバーに似た食感だが、レバーよりパサパサしているので、網脂を適度に残すようにカットする。

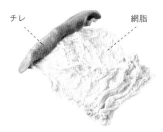

チレ　　　網脂

①  表面に付いている網脂を切り離す。チレにも適度に脂を残しつつ、網が破れないように気をつける。

②  鍋に湯を沸かしてチレと網脂を入れ、再沸騰したら中火にして15分ほど茹でる。

③  茹で上がったらザルにとり、チレと網脂を水で洗う。網脂にゴミがついていないか確認する。キッチンペーパーで水気を拭き、ラップで包んで冷蔵庫で保存。

ホルモン串焼きの技術

『大地』のホルモン串焼きは、小ぶりの判に切り出し、短時間で焼くのが特徴。たくさん食べてもらえるよう、全体的に薄味に仕上げ、味のバリエーションも工夫。レバー、タン、ハラミといった定番から、シビレ、ブレイン、ズイなど珍しいものまで20品を揃える。すべて1本220円で提供。

仕込み・串打ち

均等に焼き上げるため、同じ幅、長さ、厚みに切り出す。串打ちでは、肉に骨を入れるイメージで、的確に重心を捉えて刺すこと。肉の反りを防いで、均等に熱を入れることができる。また、基本的に串は肉の繊維の流れに対して垂直に刺し、焼いた時の縮みによって串に隙間ができないようにする。串は手早く打ち、肉の芯温を上げないこと。

豚タン

豚　タン

串焼きでも人気のタン。
根元を串の上方に、タン先を下方に刺してひと口目に柔らかい肉が当たるようにする。

②

境目に指を入れて割り、縦半分に庖丁で切り離す。これらとタン先を、繊維を断ち切るように、同じ厚みに切る。

①

皮付きのまま使用。まずタン先を切り離し、スジが多いタン下を切る。

③

タン3片を長ネギと交互に刺す。タン先の硬い部分を串の下側に、根元の柔らかい部分を上側に刺す。皮付きで串が通りにくいので、肉をしっかり持って重心をとらえる。

ノドモト

🐷 豚　のど

喉元から切り出した、食感の異なる
3種の部位を1串で楽しませる。
一頭分から2本しかとれず、希少価値が高い商品。

豚の喉元の部位を仕入れ、3つの
部位に分ける。

まず「ボタン」部分を切り離す。ボ
タンを庖丁で押さえて喉元を引っ張
ると簡単に取れる。周りについた余
分な脂は除いておく。

余分な脂やスジを取り除き、境目を
水平にそいで「のどがしら」と「のど
もと」に切り分ける。

一頭分の喉元を3種類の部位に切
り出した状態。左からのどがしら、
のどもと、ボタン。

のどがしらは繊維に沿って2等分
し、庖丁のあごで叩いて噛み切りや
すくする。

のどもとも繊維に沿って2等分す
る。

ボタン、のどもと、のどがしらの順で、
長ネギを挟みながら串に刺す。

シロ・テッポウ

🐖 豚　大腸・直腸　　※仕込みはP171参照

肉厚部分の直腸を「テッポウ」、
細い部分の大腸を「シロ」としてメニュー化。
シロは波打たせながら、1本が均一な厚さに
なるように打つのがポイントだ。

テッポウ

シロ

幅広で肉厚の直腸は、幅を揃えて
サク取りする（2.5cm目安）。

①を繊維に沿って、幅を揃えて切り
分ける。

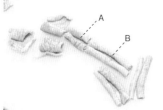

細くて身が薄い大腸は、約2.5cm幅
で切り分ける（A）。特に薄い部分は
2倍（5cm）の長さで切り分ける（B）。

テッポウ

②の判を4片、丸串に刺す。串先
を細かく上下に動かし、縫うように
して串を進める。小さく薄めのもの
から刺し、肉厚なものを最後に刺す。

シロ

③の（A）の判は繊維に沿って半分
に折りたたみ、その端と端を留め合
わせるように串を入れ、判をS字に
波打たせながら刺し進める。

③の（B）の判は半分に折りたたみ、
⑤と同様に、判をM字に波打たせ
ながら刺し進める。

チレ ※仕込みは P171参照

豚 脾臓

チレは淡白でポソっとした食感なので、
網脂を組み合わせる。ひと口目には形がよくて
脂付きのバランスがよいチレを使う。

①

チレをサク取りする（2.5cm目安）。
身が厚い部分も薄い部分も、食感は
変わらない。

②

サク分けしたものを、同じ厚さに切
り分けて判にする。

③

網脂をまな板に広げ、同じ幅に切り
分ける（5cm目安）。

④

③を手前から巻いていき、ある程度
の厚みになったら切り離す。

⑤

④を2等分に切る。

⑥

ひと口で
食べてもらう
ことを想定した
並べ方

丸串に、②のチレと⑤の網脂を隙
間なく刺していく。網脂は巻き口を
止めるように串を刺す。チレ2片で
網脂1片を挟んだものをひと口分と
想定。

焼きの技術

火床

120cmの焼き台いっぱいに紀州備長炭を4段に積み上げる。"遠火の強火"ではなく、"近火の強火"で表面をしっかり焼き固め、部位に合わせて手早く火入れをするのが狙いだ。炭からの輻射熱に加え、対流熱も最大限に活かせるよう耐火レンガの組み方も工夫している。炭は営業1時間前にガスで熱しておき、焼き台にセットする。焼き始める前には、手のひらをかざして均等に温まっているかを確認。炭が発する自然な熱量を大切にするため、焼き台回りに無理な給気・排気がないように設計している。

炭

紀州備長炭を用い、その中でも高品質と評される「馬目小丸」を使用。火力が安定して火持ちにも優れ、香りが良いのが特徴。原価はかかるが、いろいろな炭を試す中で焼き上がりの違いに納得し、『大地』ではこの炭だけで火床をつくる。

焼き油

基本的に『大地』では、串の種類によって焼き油としてEXVオリーブオイルを塗って焼く。素材の味を邪魔することなく、焼いた時に肉の表面温度をグンと引き上げることができる。

ジューシーに焼き上げ、
噛み締めるたびに旨みが広がるひと串に

豚ハラミ 豚 横隔膜

①  ハラミ串にオリーブオイルを塗り、焼き台の中央にのせ、片面にまんべんなく塩をふる。

②  肉の下側の面が焼き固まり、ほどよい焼き色がついたらひっくり返す。両面に焼き色がついたら、焼き台の端の火力が低めのところへ移動し、じっくり火を通す。

③  写真のようにドリップが表面ににじんでくるので、これをこぼさないように手早く返していく。

④  焼きあがり直前に、黒胡椒を挽きふって焼き固める。

強火で手早く焼き固め、ねっとりした舌触りに

豚レバー 豚 レバー

※仕込みは P169参照

①  レバー串にオリーブオイルを塗り、焼き台にのせ、片面にまんべんなく塩をふる。

②  レバーの下側の面が白っぽくなったらひっくり返し、反対側も同様に焼く。

③  両面を焼き固めたら引き上げ、余熱で柔らかく火を通す。熱を入れすぎると硬くてパサパサとした食感になるので注意。

表面はこんがりと香ばしく、中身はプルプルの食感に

シロ 豚 大腸

※串打ちは P174 参照

 ① オリーブオイルを塗って焼き始める。

 ② 表面にぷくぷくと脂の泡が出てきたらひっくり返し、裏面も同様に焼く。

 ③ 全体的に火が通ると脂が落ちて白い煙が上がってくる。串を回しながら表面をこんがりと焼き固めたら、タレにくぐらせる。

とろとろの食感と甘みのある脂に、炭の香りをまとわせる

シビレ 豚 膵臓

 ① オリーブオイルを塗って焼き始める。

  ② きつね色に焼き色がついたらひっくり返し、裏面も同様に焼く。

  ③ 全体的に火が入ると表面に脂が浮いて落ち、白い煙が上がってくるので、串を回しながら燻す。

  ④ 両面をこんがりと焼き上げ、タレにくぐらせる。

淡白なチレには、バター＆だし醤油でなめらかさとコクを

チレ 豚 脾臓

※串打ちは P175 参照

 ① チレ串を焼き台にのせ、ハケで溶かしバターを両面にまんべんなく塗る。

  ② 軽く焼き色がついたらひっくり返し、裏面も同様に焼く。

 ③ ボイル済みなので温めるイメージでさっと焼き、ハケでだし醤油を両面に塗る。

味つけのバリエーション

味つけは「塩」が基本。自家製のタレの他、さまざまな塗り油や調味料などを揃え、部位に合わせて使い分ける。お客のドリンクとの相性に合わせてアレンジすることも。

塩
アルプスの岩塩を使用。甘みがあり、サラサラとして振りやすいのもポイント。串を焼き台にのせた時に、片面だけに振る。串焼きは肉片一つをひと口で食べるので、片面に適正な量がかかっていればよいという考え。

タレ
何本でも食べられるようにと、タレは薄味でさらっとしたものに。焼き上がりに1回くぐらせ、香り付け程度にとどめる。重くないのでワインとも好相性。

その他
・溶かしバター（バターの香りやコクをプラス。無塩バターを使用）
・ゴマ油、ネギ油（香ばしさ、香り、旨みをプラス）
・濃口醤油、だし醤油（タレよりもすっきり辛口に仕上げたい時に）
・白胡椒、黒胡椒（最初にふって塩気とのバランスを図る、もしくは焼き上がりにふって香りをプラス）
・おろし生姜、おろしワサビ（脂気が強い部位をさっぱりと食べさせたい時に）
・バルサミコ酢（イノシシ肉の串など、肉の味が強いものに塗る、もしくは添える。煮詰めて使用）

㈱萬野屋

大阪・天王寺区を中心に『やきにく萬野』など、10店舗の焼肉店と2店舗の精肉小売店、2022年には新業態のしゃぶしゃぶ店をオープンする㈱萬野屋。創業以来目指してきたのが「肉のプロがうなる焼肉店」だ。同社は焼肉店を始め食肉卸や小売、食肉の技術指導・焼肉店の開業支援など、様々な事業を手掛けている。

牛肉は全国各地の食肉市場10ヵ所以上から仕入れ、精肉だけでなくホルモン類もあらゆる部位をまとめてセットで仕入れる。提供するホルモンメニューは30種類以上。仕入れた精肉、ホルモン類の仕込みは、セントラルキッチンの「萬野屋ビーフファクトリー」にて、各店舗のスタッフが集まって行なう。各部位の掃除・洗浄を徹底し、どの部位も細かく庖丁目を入れて商品化するのが萬野屋の特徴。「肉の産地、品種、性別、個休差を踏まえながら、個々の部位の持ち味を最大限に引き出す」ことを重視した技術に注目だ。

取締役部長
岩田宏志氏

本社・本店・精肉店と同じ施設にある「萬野屋ビーフファクトリー」。各店スタッフが集まって精肉・ホルモン類の仕込みを行なうほか、社内や社外向けの技術研修も実施する。

あごの仕込み

牛 顎肉

牛の顎肉は取り扱う市場が少なく、萬野屋では大阪の二ヵ所の市場から仕入れる。写真上のように、ツラミ（ほほ肉）とつながった状態で届けられる。スジが複雑に入り組み、歩留りもよくないので商品化する店は少ないが、独特の食感と旨みがある珍しい内臓肉として評判だ。

①

ツラミ
あご

ツラミとあごを分割する。口腔の部位なので表面にぬめりがあるため、よく洗浄してからぬめりをしっかりふき取る。ぬめりが残っていると持ち手や庖丁がすべるので注意。

②

表面の厚い皮を切り取る。肉との境目はスジや繊維が入り組んでいるので、左手で皮を動かしながら、庖丁で境目を探るようにして少しずつはがす。

③

皮をはがしたら、扱いやすいように
2つに分割する。

④

裏側のスジや膜、血のあとを掃除す
る。色が濁った脂も食感が悪いので
取り除く。白く発色のよい脂は旨み
になるので残す。

⑤

掃除したら、横から庖丁を入れ、2
枚に開く。

⑥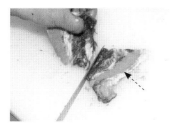

矢印のついたグレーの部分は、グレ
ンス（膵臓）のような味わいのおい
しい部分なので残す。

⑦

2枚にした肉にまだ厚みがある場合
は、さらにスライスして観音開きに
してもよい。

⑧

肉の両面に、細かく鹿の子庖丁を入
れていく。硬い肉なので、しっかり
切り込みを入れる。両面に入れたら
食べやすい大きさにカットする。

あご

ほほ肉の味わいとネクタイに似た歯応え
を併せ持ち、独特の味わいが堪能できる。

ミノの仕込み

🐄 ミノ

牛の第一胃のミノは、脂が多いミノサンド、
マウントと呼ばれる肉厚な上ミノ、
薄い肉厚の並のミノの3つに商品化される。
部位を覆う皮は、仕入れ先の食肉市場でむいてもらう。
ミノの皮は早くむかないと臭いが部位につくためだ。

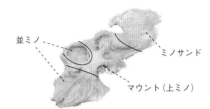

並ミノ　　　ミノサンド

マウント（上ミノ）

部位を分割

脂の入っている部分とマウントとの
境目で、ミノサンドを切り分ける

マウントについている薄い部分を切
り分ける。薄い部分は並ミノに。

さらに端側の肉が薄い部分を切り分
ける。

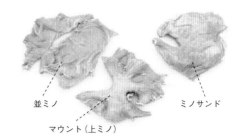

並ミノ　　　　　　　　　　ミノサンド

マウント（上ミノ）

3つに分けた状態。

ミノサンドの仕込み

ミノサンドに布巾をかけ、木槌で表
面全体を叩いて平らかにし、均一な
厚さに揃える。

▲ Point

ミノサンドの間に入っている脂は
凹凸しているので、叩いて均一に
することで、食べ味がよくなり、
商品化もしやすくなる。

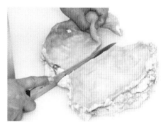

サク取りしやすいよう、部位を2つ
に切り分ける。

叩いた際に、脇からあぶれ出る脂を
切り除く。

④

3等分にサク取りする。

⑤

サクの表面に、細かく鹿の子に庖丁を入れる。表面の皮を切る感じで、しっかりと斜めにクロスさせるように入れる。幅は1～2ミリ程度。

⑥

裏面も同様にクロスに庖丁を入れる。これにより火の通りもよくなり、脂の分厚いミノサンドのおいしさがより引き立つ。

ミノサンド
鹿の子庖丁を両面に入れることで、脂への火の入りも早くなり、中まで均一においしく焼ける。

上ミノの仕込み

①

マウントの端の肉を切り落とし、真ん中の最も肉厚のところを「上ミノ」で使用。一頭から取れる量が少ない希少な肉だ。

②

表面に、鹿の子に細かく庖丁を入れる。切る深さは肉の厚さの1/3程度とやや深め。

③

鹿の子庖丁は、肉の端の部分までしっかり入れる。端まで入れないと、食べた時の食感に違和感が残り、おいしさを損なってしまう。

④

裏面も同様に鹿の子庖丁を入れる。

ミノの仕込み

① 肉を広げて、食べやすい大きさにサク取りする。

② 両面にクロスで鹿の子庖丁を入れていく。肉が薄いので力加減に注意。

▲ Point

切れ味のよい庖丁を

肉の厚さが薄い肉や、繊維が硬い肉に隠し庖丁を入れる場合、よく切れる庖丁を使うことが必須。切れないと肉の繊維をつぶしてしまうだけで、食感とおいしさを損なってしまう。食肉用の研ぎ棒を使ってこまめに刃先を修正しよう。

③ ひと口サイズにカットして商品化。

上ミノ

深く庖丁目を入れることで分厚い上ミノも食感よく楽しめる。焼いた時に花が開いたように切り込みが開き、見た目にも食欲をそそる。

ミノ

並のミノは肉が薄く、歯応えのある部位だが、噛むほどに味わいが出るのが魅力。両面に細かく鹿の子庖丁を入れることで、その味わいがより引き出る。焼いたときの肉の縮みも抑えられる。

ハラミ部位の仕込み

🐄 横隔膜

内臓肉をセットで仕入れるため、萬野屋では
ハラミ（アウトサイドスカート）とサガリが
横隔膜でつながった状態で仕入れ、仕込みをする。
そのためハラミ、サガリだけでなく、
横隔膜も「メンブレン」という名で焼肉メニューに。
ひとつの部位から多様なメニュー化を実現している。

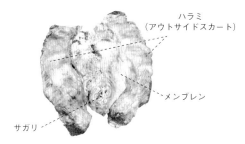

ハラミ
（アウトサイドスカート）
メンブレン
サガリ

ハラミ（アウトサイド）の仕込み

肉につながっている横隔膜を切り取る。この部分の横隔膜は厚みがある。

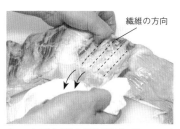

繊維の方向

肉の表面を覆う横隔膜を手ではがす。はがす方向は、肉の繊維の流れと同じ方向。

▶Point

ハラミは肉繊維が粗く柔らかい部位なので、繊維の流れに逆らって膜をはがすと肉が崩れてしまう。手ではがす際は繊維と平行にはがすこと。

端まではがせたら、庖丁で切り取る。この部分の膜は薄いので「メンブレン」には使わない。

裏面も同様に、片手で肉を掴みながら膜をきれいにはがす。

膜をはがしたあとに残った硬い脂などを庖丁で切り除く。

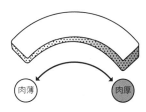

肉薄　肉厚

個体差はあるが、ハラミは長細い形状のうち、一方が肉厚で反対側にいくと徐々に薄くなるものが一般的。仕込みの際は毎回、その厚さやサシの入り具合を見極めて、上質な部分は「特選ハラミ」としておすすめで提供。ほか「上ハラミ」「ハラミ」へと商品化する。

肉厚な方の端側には、硬い脂が噛んでいる箇所があるので切り除き、そこを基準にサク取りする。一番端のAの肉は「特選ハラミ」に。

肉の繊維の方向に沿ってサク取り。およそ8cm幅で等間隔に切り分けていく。

サク取りした肉を1枚ずつ切り分ける作業は各店舗で。余分なスジや血のあとが残っていないか確認し、繊維を断ち切る形で切り分ける。

ハラミ

アウトサイドスカートの部分は、肉の厚みやサシの入り具合を見極め、「特選ハラミ」「上ハラミ」「ハラミ」の3つに商品化する。

サガリの仕込み

端につながっていた横隔膜を切り落とし、表面を覆う硬い膜や、濁った色の余分な脂をきれいに掃除する。

端の中央部分には、太い血管が入っているので切り落とす。

サガリは真ん中に太いスジが入っており、その筋目が分かるように表面を磨いていく。

裏面も同様に、硬い膜や余分な脂を掃除。旨みとなる白い脂は残しつつ、少しでも食感の邪魔になるスジや膜はきれいに取り除き、真ん中の太いスジが見えるようにする。

真ん中のスジを引く。端から庖丁を入れ、片方の肉（写真右の左手で持つ肉）にスジをつけるようにして分けていく。

結着が強いので、庖丁でこそぎ取るように切りはがし、スジに無駄に肉がつかないようにする。片手で肉を持ち、境目を見せるようにしながら庖丁を入れていくと上手くいく。

2つに切り分けたら、スジを残した方の肉もスジを引く。

スジを引く際は、肉にごく薄くスジ粉を残したほうが、赤身肉の見た目がよくなる。

サガリは斜めにカーブする形で繊維が入っている。その流れに直角になるように庖丁を入れて商品化する。

ビワハラミ

サガリの形状がびわの葉の形に似ていることから、萬野屋では「ビワハラミ」と名づけている。上質な部分は「上ビワハラミ」や「びわはらみステーキ」として提供。

メンブレンの仕込み

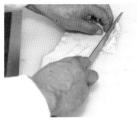

①

ハラミ、サガリから切り落としたメンブレンを広げ、表面全体に、斜めに細かく鹿の子庖丁を入れる。裏面も同様に入れていく。

②

形を整え、適度な大きさに切り分けて提供。

ハラミすじ

メンブレンは「ハラミすじ」と銘打って提供。焼くと白い見た目が透明になっていく。コリコリした食感とハラミ感覚の脂の旨みが堪能できる。

ネクタイ の仕込み

牛　食道

牛の食道は噛み応えがある赤身肉。
硬いが独特の旨みがあり、その旨みを引き出すよう、
肉の両面に細かく鹿の子庖丁を入れる。
写真上は下処理済みの状態。仕入れた際は、
肉の内側に白く厚い膜がついており、
その膜や余分なスジ、汚れをきれいに取り除く。

①

商品化の際も、汚れや食感の邪魔になるスジなどをチェックし、取り除く。庖丁で取りにくい細いスジや薄い膜などは、布巾を使って取り除く。

②

肉に対して斜めにクロスさせる形で、両面に鹿の子に庖丁を入れていく。肉の繊維をつぶさないよう、庖丁は切れ味のよい状態に。

ネクタイ

細かく庖丁を入れることで硬い肉も食べやすく。噛むほどに独特の赤身のおいしさが堪能できる。

コブクロ

の仕込み

牛 子宮

関東では豚のコブクロが一般的だが、関西では
牛の提供店も多い。牛のコブクロは鮮度のよいものは
なかなか入手しづらく希少な部位。
歯切れのよい食感が特徴だが、
硬い肉なのでしっかり庖丁目を入れる。

①

中に入り込んでいる繊維を取り除く。
コブクロは洗った後もぬめりが残っ
ているので、布巾でぬめりをふき取
ってから作業する。

②

二股に分かれている部分に庖丁を入
れて2分割する。

③

分割したうちの一つに横から庖丁を
入れ、観音開きにする。

④

開いた側の表面全体に斜めクロスに
鹿の子庖丁を入れる。肉が厚く、硬
い食感なので深めに入れていく。

⑤

裏面も同様に。ぬめりがあると庖丁
がすべるので注意。

⑥

裏面も同様に。ぬめりがあると庖丁
がすべるので注意。

ひと口サイズに切り分けて商品化。

コブクロ

レバー
の仕込み

🐂 牛　肝臓

レバーは、中に入り込む血管をきれいに取り除くことが重要。
サク取りした際、切り分ける際、それぞれで血管のあとや
スジが残っていないかを確認し、食べたときの食感の
よさを出す。まな板はレバー専用のものを用意すること。

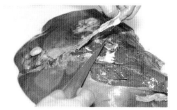

① 血管とつながっていた側を上にし、表面に見える太い血管やそのまわりの脂、スジをすべてきれいに切り落とす。

② 内部まで入り組んでいる部分も、見える範囲はきれいに掃除する。

③ 表面の掃除を終えたら、等間隔にサク取りする。

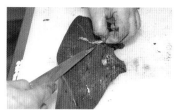

④ サク取りしたレバーの断面。中に入り込んでいる血管やスジをすべてきれいに取り除く。

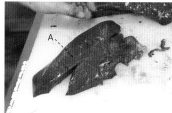

⑤ サク取りしたレバーを、さらに縦に2分割。皮部分に近いAの方は血管や繊維が少なく、商品価値の高い部分。各店舗へは、このサク取りした状態で届ける。

⑥ Aの部分は表面の皮を引いておく。もう片方の血管や繊維が入り組んだ方のサクは、きれいに掃除しつつ、形のよいサクになるようにしていく。

レバー

鮮度のよさだけではなく、適切に下処理をすることで、角が立った、形よい焼肉メニューとして提供できる。

小腸の仕込み

🐄 牛　小腸

萬野屋では小腸・大腸などの白ものもセットで仕入れるため、
セントラルキッチンで徹底的に洗浄してから商品化。
管を開いて塩水で何度も洗いを繰り返し、
中に残る食物や汚れ、血をすべてきれいにする。
さらに商品化の際も手間を惜しまない。
小腸はそのまま切って出す店が多い中、
萬野屋では細かく庖丁目を入れて
部位のおいしさを引き出し「こてっちゃん」として
提供している。

③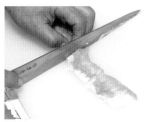

脂に庖丁を全部入れたら裏の皮面
も同様に庖丁目を入れる。

Point

必ず脂の方から先に切ること。皮
の方から先に切るとまな板が脂で
汚れ、小腸にも脂がついて見た目
が悪くなるからだ。

①

管につく脂は凹凸しているので、庖
丁の腹で平らにならす。

②

脂の面に、ハモ切りのような要領で
細かく庖丁目を入れる。

④

食べやすい大きさに切り分けて提
供。

こてっちゃん

脂の部分も庖丁を入れること
で、食べやすさや焼いた時の
見た目のよさもアップ。

しま腸の仕込み

 牛 直腸

直腸の部分で、特徴的な縦縞が入っていることからしま腸と呼ばれる。萬野屋のしま腸は脂づきがよいのが評判だ。上質なしま腸を仕入れるだけでなく、自社で掃除、洗浄をしているので、脂の残し具合も自分たちでコントロールできるのが強みである。

掃除・洗浄後のしま腸は、脂が凸凹についているので庖丁を寝かせて余分な脂を落とし、均一にならす。ここで最終的な脂のつき具合を調整。

脂が均一になったら、はみでた脂を取り除いて形を整える。

脂のある面から、肉の繊維に対して直角に、細かく庖丁目を入れていく。

裏返して、皮の面にも同様に庖丁を入れる。

上てっちゃん（しま腸）

しま腸の縞模様に対して直角に庖丁目を入れることで、きれいな格子模様に。脂への火の入り具合もよくなり、食べやすい。店舗では「上てっちゃん」として提供する。

てっちゃん（大腸・盲腸）

庖丁目を細かく入れることで、馴じみの薄い盲腸の部位も見た目のおいしさをアップすることが可能だ。

盲腸 の仕込み

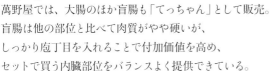

🐄 牛　盲腸

萬野屋では、大腸のほか盲腸も「てっちゃん」として販売。
盲腸は他の部位と比べて肉質がやや硬いが、
しっかり庖丁目を入れることで付加価値を高め、
セットで買う内臓部位をバランスよく提供できている。

しっかり掃除、洗浄した盲腸。幅が
広いので、縦に2分割する。

洗ったあとも、細かいスジや余分な
脂をチェックし、布巾で取り除く。
ぬめりもふき取る。

肉の繊維に対して直角に、細かく庖
丁目を入れる。肉に厚さがあり、硬
い部位なので強めに切り込む。裏の
皮の面も同様に庖丁を入れる。

グレンス の仕込み

🐄 牛　膵臓

淡白ながら、まったりとしたおいしさが人気の部位。
切り分けたときの独特のマーブル模様も特徴だ。
中まで血管や繊維が入り組んでいるので、
ひと切れに切り分ける時も念入りに掃除している。

表面を覆う硬い脂やスジをすべて
切り除く。硬い脂の下には血管が入
り込んでいる。

脂の下にある血管や血のあとを除
く。

スジや血管は、肉の中にまで入り込
んでいるので、目に見える範囲のも
のはすべて切り取る。サク取り・商
品化した際にも、内部のスジや血管
を取り除いていくこと。

グレンス

炭火焼ホルモン
まんてん

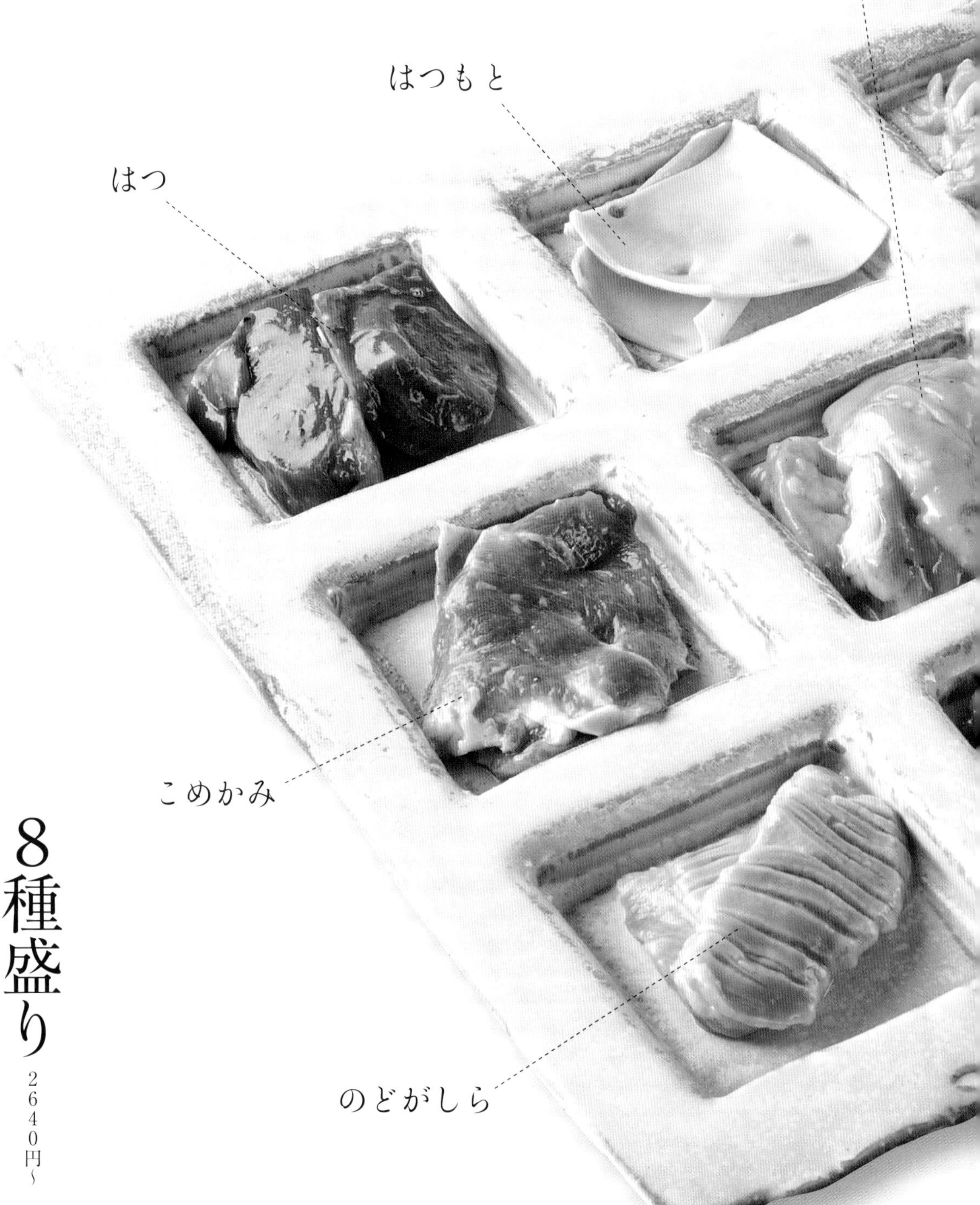

ギャラ芯

はつもと

はつ

こめかみ

のどがしら

8種盛り
2640円〜

192

のどもと

たん

しきん

はらみ

代表
阿部 亮氏

東京の中目黒・代々木・中野・新宿で5店舗を展開するホルモン焼肉店『まんてん』。代表の阿部亮氏が2005年の創業以来抱いてきたのは「ホルモンのおいしさ、奥深さをもっと知ってもらいたい」との思いだ。

40種類近く揃えるホルモンは、通常は使われないような部位も多数揃える。特に豚のホルモン類は、東京・芝浦の卸業者に直接出向いて買い付けを行ない、豚一頭分がセットになったホルモンを仕入れる。それらを丁寧な下処理、庖丁の入れ方の技術、味つけや提供法の工夫で魅力を高め、接客でも「自分たちが食べてほしい」と思う肉を上手に売り込んでいく。「まだ知られない豚ホルモンのおいしさ、おいしく食べる方法をお客さんに教えてあげるのが自分たちの役目」と阿部氏。その商品化の技術と手間を惜しまない姿勢が、数多くのファン客を集める原動力となっている。

牛ホルモン11種、豚ホルモンは25種類と豊富な部位を揃える中で、少量多品種の盛り合わせは人気。「8種盛り」と打ち出しつつ、実際には9種類を盛り合わせるサービスを行なうこともあり、お客の感激を誘う。初めての来店客には一般に馴じみのある部位を提供したり、「ハラミとタンを入れて、あとはおまかせ」といった要望にも応え、各部位の食感、味わいを見極めてバランスよく盛り合わせる。

豚一頭 の仕込み

『まんてん』では豚のタンからハラミ部分までの内臓を丸ごと一頭分入手し、店でさばいている。時間も手間もかかるが、そのぶん自由に商品化できるのが強みだ。

一頭分の内臓は7パーツに切り分け、それぞれで商品化。営業開始前にカットまで済ませる。原則的にすべて焼き物として提供。丁寧に掃除し、食べやすい大きさ、切り方を研究してきたことで、豚一頭分の多彩な部位をバランスよく売ることができている。

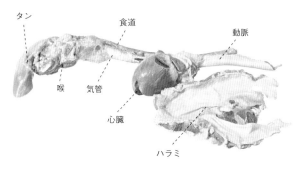

タン　　食道　　動脈
喉　気管　　心臓
ハラミ

食道
気管

まず食道と気管をはがす。癒着しているので手で慎重にはがしていく。

喉の部分まではがしたら、喉のつけ根で食道を切り離す。

ハツと気管のつながっている部分を切り外す。

ハツとハラミの横隔膜部分を切り離す。

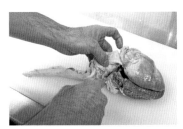

ハツと動脈部分を切り離す。脂や繊維が結着しているので、庖丁で丁寧にスジをはがし、部位の結合部分で切ること。

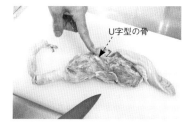
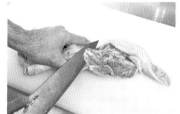

喉とタンを切り離す。喉部分の外側には馬蹄の形をした軟骨が入っているので、その骨の形に沿って庖丁を入れていく。

のどぶえ周辺の膜や脂をはがしながら馬蹄型の軟骨のある部分を探り、反対側からも軟骨に沿って庖丁を入れ、タンと喉を切り離す。

タンと馬蹄型の軟骨を切り離す。タンには、頭肉の一部もくっついているので一緒に切り外す。

馬蹄型の軟骨と頭肉を切り離す。頭肉は焼くとパサつくので同店では焼き物には使わず、モツ煮込みなどに加える。

喉からのどぶえを外す。部位を傷つけないよう庖丁を入れながら外す。

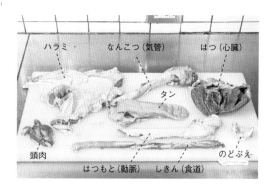

ハラミ の仕込み

豚 横隔膜

ハラミの部位は、中央にあるサガリと、外側のアウトサイドを活用。
横隔膜から丁寧にはがすよう、左手で調整しながら庖丁を進めるのがポイントだ。

① サガリを横隔膜からはがす。左手で横隔膜を持ち、庖丁を入れながら引っ張るようにして膜を外すと上手くいく。

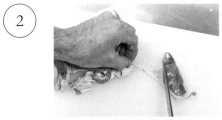

② 部位に残っている膜も丁寧に庖丁ではがす。スジを隔ててあるもう一つのサガリも同様に処理する。

③ アウトサイドは上下に横隔膜がついているので片方ずつはがす。肉の厚さが薄い方から庖丁を入れていく。

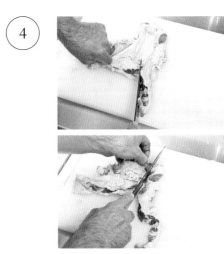

④ 庖丁を立てるように置き、左手で横隔膜を引っ張りながらはがす。

⑤ きれいにはがせたら、反対の面も同じ要領ではがす。もう片方のアウトサイドも同様に処理する。

豚タンの仕込み

 タン

牛同様、豚タンも歯応えと味わいのよさで人気の部位。表面の皮は薄いので、はがさずそのまま商品化する。
やや硬いタン先、柔らかいタンの根元、繊維が入り組むタン下と、各所の特徴を見極めて無駄なく活用している。

①

裏返して余分なスジを切り除く。

②

先端から3～4cmほどの場所でタン先を切り落とす。肉の厚みが、薄いところから厚く変わっていく境目が切り落とす目安。

③

タン先はさらに縦半分に切って食べやすい大きさに。

④
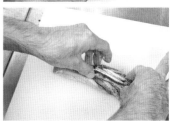

タン下を切り外す。タンの先端の方からタン下の境目に庖丁を入れ、手で持ち上げるようにしてタン下の部分を出す。

⑤

タンの根元（喉側）の方から庖丁を入れ、タン下を外す。先端の方にもタン下のスジが残らないように切る。

はつ の仕込み

豚 心臓

はつ（心臓）は、サクッとした肉質と
噛み締めるほどに出る味わいが魅力。
開いて血抜き処理された状態で仕入れているが、
残っている血のあとをしっかり確認し、
丁寧に掃除することが大事だ。

①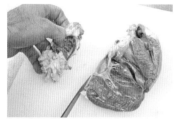

動脈との結合部分に残る脂やスジ
は繊維が入り組んでいるので切り落
とす。

②

掃除がしやすいように2分割する。

③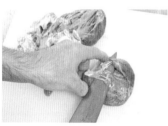
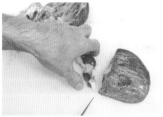

中央の繊維質な部分に庖丁を入れ、
動脈側の方に残ったスジや血管とと
もに切り外す。血のあとが残る箇所
もトリミングする。

④

側面にも硬い繊維が残っているの
で、庖丁で掘り出して切り落とす。

⑤

②で切り分けたもう片方の肉も、同
様の手順で硬いスジや繊維、血の
あとを掃除していく。

サク取りする。写真左の○で囲んだ部分は、厚さ
がなく肉が波打っていて扱いにくい。同店ではここ
を「はつ端」と呼び、「なんこつ」などにサービスと
して織り交ぜて提供する。

しきん の下処理

 豚　食道

さっくりした歯応えと旨み味が楽しめるしきん（食道）。
豚しきんは、牛と比べても肉が薄いため、掃除の際は肉を傷つけないように注意したい。
同店では管の内側の白い膜も丁寧にはがすことで食べ味をよくしている。

管の表面につく薄い膜や脂をはがす。手ではがすと肉が破れることもあるので、庖丁を縦に置きながら丁寧にはがしていく。

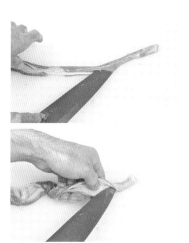

管を開く。中に残る黄色い部分は、豚が食べた飼料の残ったあと。

流水にさらして洗う。

ある程度洗ったら、管の内側部分の白い膜を手ではがしていく。この膜は薄く何層にも重なっており、あまり多くはがしすぎると肉が破けてしまう。ちょうどよい食感になる厚さで膜をはがせるように、場数をこなしていきたい。

なんこつ の仕込み

 豚　気管

気管から、肉づきのある喉部分にかけての部位は
「なんこつ」として提供。コリコリした食感が特徴だが、
こちらも表面に残る小さなスジや
膜を丁寧に除くことが差別化につながる。

①

肉づきのある喉近くの部分から、表
面のスジや膜を掃除する。

②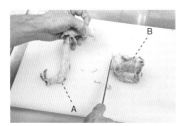

管の部分（A）と肉づきある部分（B）
を切り分ける。

③

Aの表面に残る、余分な繊維や膜
を庖丁できれいに掃除。これが残っ
ていると焼いた時に先に焦げついて
しまい、味を損なってしまう。

④

Bは薄く輪切りにし、「ドーナッツ」
として商品化する店が多いが、同店
では縦に庖丁を入れて2分割。す
べらないよう注意し、管の中に庖丁
を入れて切る。

⑤

血のあと

2分割したものをさらに2つに割っ
て計4つに。端に残る血のあとは切
り落とす。

⑥

4分割したら、軟骨側の表面全体を
庖丁の角で叩く。これにより硬い食
感が和らぎ、焼いた時の火の通りも
よくなる。

なんこつ　600円

はつもと の仕込み

🐷 豚 動脈

豚のはつもと（動脈）は、牛と比べて管の厚さが薄いため、軽い掃除だけで提供する店もある。だが、表面に残る薄い膜まで丁寧に取り除くことで食感は格段によくなる。このひと手間が注文を増やす差になる。

心臓に近い方の血管は、太くて弾力がある部分。繊維や脂も厚くついているので庖丁ではがす。

管の表面を覆う膜は、手を使ってむいていく。部位が傷つかないよう、力加減に注意。

膜をはがしたら、内側に庖丁を入れて管を開く。

開いたら水洗いをして水気をよく切り、ひと口大に切り分けて商品化。

のどぶえ

🐷 豚 喉笛　　　　　　600円

豚一頭からとれる喉笛は、一頭に1つしかない希少な部位。これを単品で提供する際は4頭分とふんだんに盛り付けて魅力を高めている。1つの喉笛を縦に2等分して盛り付け。軟骨の歯応えを楽しませるメニューだが、噛み切りづらいほど身が厚い場合は、庖丁の角で表面の軟骨を叩いて提供する。

のど3種 の仕込み

🐷 豚 のど

豚一頭の仕入れとは別に、『まんてん』では「ノドガシラ」
という豚の部位を活用。これはタンとノドの間に
ついている部分で、一頭から少量しか取れず、
仕入れ先の評価も低い部位だったが、
試食するとおいしかったので商品化した。
これだけを別に集めてもらって仕入れている。
そのままでも提供できるが、同店では「のどがしら」
「のどもと」「こめかみ」の3つに細分化。「のどがしら」は
柔らかくタンに似た食感で、「のどもと」はよりノドに近く、
やや歯応えがある。「こめかみ」は赤身肉に近い味わいだ。

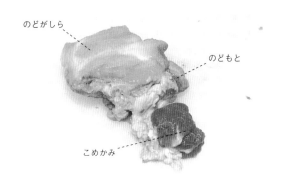

のどがしら

のどもと

こめかみ

のどがしらは表面を叩くように庖丁
目を入れて半分にカット。

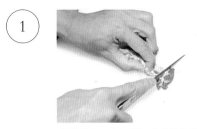

① スジでくっついているこめかみの部
分を切り落とし、余分な脂を切り落
とす。

② 境目に庖丁を入れ、「のどがしら」と
「のどもと」の部分に切り分ける。

③

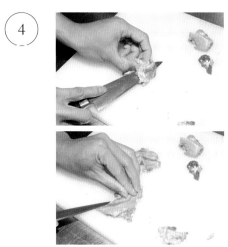

④

のどもとは筒状になっているので開
いて余分な繊維や脂を除き、同じく
庖丁で叩いてひと口大にそぎ切りに
する。

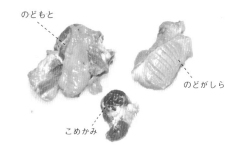

のどもと

のどがしら

こめかみ

3つに分けた状態。耳慣れない部位なので、導入の際は盛
り合わせなどで出してお客の感想を聞くとよい。タンを食べ
たいと言うお客に「タンに似た部分もあるので出しましょう
か」と言ってのどがしらをおすすめすることも。

ギャラ芯の商品化

🐄 ギアラ

牛の第四胃袋のうち、肉厚で脂ののった部位で、
同店でも人気商品。おいしさのポイントは表面の
ぬめりをよくとること。片栗粉を使って水洗いすると
ぬめりがとれやすく、食感のよさも出る。
ギアラは肉が硬いので、食べやすく火が入りやすいよう、
しっかりと隠し庖丁を入れる。

裏返して反対側の面には、身の半
分ぐらいの深さまで鹿の子に庖丁を
しっかり入れる。

サク取りしたら幅5cm程度にカット
する。ギアラは焼くと身が縮むので、
焼き上がったときにひと口大になる
よう、常に焼いた後の大きさを考え
ながら切る。

①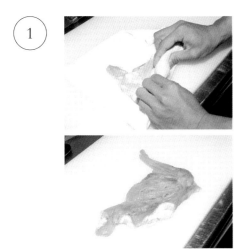

片栗粉を使って水洗いをしたら、布
巾でしっかり水気をふきとる。水気
が残っていると臭いや腐敗の原因に
なるので注意。

②

脂身の少ない方の面は、庖丁の先
で刺すように軽く庖丁目を入れる。

注文ごとに、塩、胡椒のほかにゴマ
油などの3種類の油、ニンニクなど
で味つけして提供。

マルチョウ

牛　小腸 　　　　　　　　　　　770円

丸腸は、牛小腸を管の状態のまま裏返したもの。裏返すことで腸皮の内側に脂が入るため、独特の食感と旨みが出る。通常は業者が加工することがほとんどで、当初『まんてん』でも加工したものを仕入れていたが、あるとき仕入れ先から「管の状態で小腸を入手できる」と連絡があり、現在は店で裏返して商品化している。

牛 センマイ　　　　　　　　660円

通常は灰色のセンマイを、真っ白くなるまで掃除して見た目も美しく提供。仕込みの中では最も時間がかかるので仕込みの最初に行なう。センマイ部位のヒダの部分を刺身用に細切りにし、土台の身が厚い部分は焼き物にする。毎日大体一頭分のセンマイを仕込み、刺身用には10〜12人分がとれる。

白センマイ刺し

がつ刺し

豚 胃袋　　　　　　　　660円

豚の胃袋であるガツの中でも、同店では一頭から2人前ほどしかとれない上質な部分を使い、刺身メニューとして提供。湯通ししてコリコリとした食感のよさを活かしている。

マルチョウ の仕込み

①

仕入れた時の状態。牛小腸を開かず管の状態のまま、掃除・洗浄したものを使用する。

②

先がカギのように曲がった針金を、小腸の管の中に通していく。針金はハンガーなどを使うとよい。

③

完全に通ったら針金の先のカギを小腸の先端にひっかける。

④

まわりについている脂が内側に入るように引っ張る。小腸の表皮を破かないように注意。

⑤

そのまま裏返し続けるとカギの先端が出てくる。

⑥

後は手で慎重にしごいて丸腸の状態にする。

⑦

臭いや衛生面に考慮し、また生の状態は食感もよくないので、裏返したら必ず洗ってボイルする。たっぷりの湯で15〜20分、完全に火が入るまで加熱。

⑧

その日に使う分をひと口サイズに切り分けておく。注文ごとにタレに軽くからめて提供。

白センマイ の仕込み

①

センマイは開いた状態で仕入れ、前日から水につけておく。こうすることで灰色の皮がはがれやすくなる。同店では浄水機を通した電解還元水を使用。

②

手でむくとあらかた皮がはがれるので、後はこすって全体が真っ白になるまで丁寧に掃除する。ものによっては皮がはがれにくいこともあり、その場合は使わないことも。

③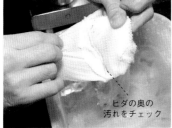

ヒダの奥の
汚れをチェック

流水で洗う。ヒダの間にも汚れや黒い部分が残りやすいのでチェックする。大量に仕込む場合は、シンクに水を張ってまとめて洗う。

④

掃除が終わったら軽くボイルする。茹で過ぎるとパサパサになるので注意。鍋にたっぷりの湯を沸かし、沸騰したらトングで1枚ずつ、しゃぶしゃぶのように湯にくぐらせる。熱湯に通すことが大事なので、まとめてやらずに1枚ずつボイルし、取り出したらそのつど湯を沸騰させ、新しいセンマイを入れること。

⑤

焼肉用　　　　刺身用

茹でたらすぐに冷水でしめ、水気をふき取る。冷水でしめることで表面の突起がピンと立ち、シャキシャキした食感に仕上がる。ヒダの部分は刺身用に細切りし、土台の肉の厚い部分は焼肉用に活用する。焼肉用の土台部分に、ヒダの根元を少しだけ残しておくと、焼いた時に食感がよくなる。

がつ刺しの仕込み

①

胃袋を開いて洗ったら、よく水分を切っておく。

②

真ん中のスジが入っている部分で切り分ける。

③

スジは硬く食感の邪魔になるので切り落とす。焼き物に使う場合はつけたままでもよい。

④

まわりの余分な脂を切り落とし、食べやすい大きさにそぎ切りにする。

⑤

湯通し後

湯通しする程度にさっと湯にくぐらせておくまでを開店前に仕込んでおく。注文ごとにニンニクや塩などを加えたポン酢ダレで和えて提供。

肉厚の部分は「がつ芯」に

同店では「がつ芯」として焼肉メニューも提供しているので、ガツの身の厚い部分は焼肉用にまわす。刺身よりもやや大きめにカットし、格子状に隠し庖丁を入れて噛み切りやすくする。

あみれば

あみれば の商品化

① サク取りした豚レバーをひと口大に
切り分ける。

② まな板に網脂を敷き、端に切り分け
たレバーを3つ並べる。

 豚　レバー・網脂　　　　　　660円

豚のチレ（脾臓）についている網脂でレバー
を巻く一品。見た目の面白さに加え、焼いた
時に出る脂分とレバーの旨みが一体となるお
いしさが好評だ。同店では脾臓を網脂つきの
まま仕入れており、フランス料理など、使い
道の限られる網脂を有効活用して付加価値を
高めている。

③

網脂でレバーを巻く。1回転半から
2回転ほど巻いたら庖丁で網脂を切
る。

④

3つに切り分けて器に盛り付け、ガ
ーリックパウダーや胡椒、オリーブ
オイルで味つけして提供。

離の宴
はなれ

『離の宴』は、三代続く老舗『山本精肉店』が経営するビストロ。ホルモンは赤身も白ものも黒毛和牛しか扱わないことで知られる神戸市の「西部中央市場」より昔から仕入れており、多種類の部位を一頭分のセットで買い付ける。検査を経て、屠畜された翌日に届くホルモンは、すぐに井戸水を引いた流水ですべてもみ洗いをして掃除。臭いを最小限に抑えることを一番重視している。その後、部位ごとに切り分け下処理に入る。部位によっては洗ってから真空保存をするものや、ある程度下処理を行なって卸売りにまわすもの、その日のうちに商品化し、ビストロで提供するものなど様々だ。

　市場から届いたものをはじめから下処理する利点として、脂を残したり取り除いたりと、料理の目指す味わいに合わせて下処理から調整できることや、センマイのカブといった希少な肉が手に入ることが挙げられる。また、精肉店と連動することで、様々な部位を少量ずつビストロで楽しんでもらったり、希少な部位や逆に売りにくい部位もコースに組み込めるなど、バランスをとりながら商品づくりを行なっている。

オーナーシェフ
山本耕資氏

赤センマイ
の仕込み

 牛　ギアラ

関東ではギアラと呼ばれる第4胃。
写真のように赤センマイは肉厚で脂ののった
ギアラもと（同店ではカブと呼ぶ）と、
やや薄くて柔らかい部分（同店では赤センマイと呼ぶ）
に分けられる。神戸では「カブ」の肉じゃがなどの
煮込み料理も昔からあり、
同店でも煮込み料理にすることが多い。

カブ
（ギアラもと）

赤センマイ

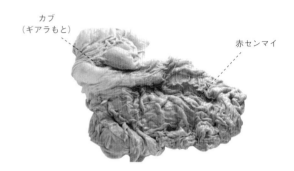

①

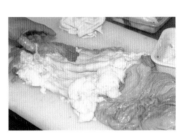

生の状態で届いたものを流水でよく洗い、「カブ」と「赤センマイ」に切り分け。たっぷりつく脂をある程度落としてから、表皮についた脂を落とす。左手で取り除きたい脂を引っぱり上げ、表皮と脂の間に庖丁を入れ、刃を身に沿わせながら切る。

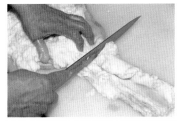

②

肉の幅が小さいところは、スジ引き
庖丁を当て、左手で引っ張りながら
脂を削り落とす。

③

脂が結着している部分も、左手で引
っぱりながら身に添うように庖丁を
当てていく。

④

ここまで落としたら、再度洗って汚
れをチェックし、それぞれ料理によ
ってサク取りを行なう。

バサの下処理

🐄 牛　肺

生の状態と焼いた時の食感が異なり、
生だと柔らかいが噛み切りにくい。
また、火を入れると独特の弾力が出てふんわりと感じる。
神戸・長田ではホルモン部位の中でも特に親しまれ、
甘辛く炊いたり、カツや鉄板焼き、天ぷらで食される。
肺からのびるホース状の部位は「ウルテ」と呼ばれる気管。

バサ（肺）

ウルテ（気管）

①

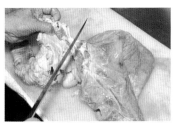

ウルテとバサの間にある脂を目印に
庖丁を入れ、ウルテを切り離す。

②

この状態から料理に合わせてサク取
りし、水から2時間、アクを取りな
がら炊いて商品化する。

▲ Point

肉の中にも血管が通っているが、食
感の変化をつけるため、内部の血管
や繊維は大きな部分を取り、細部は
神経質に取り除かなくともよい。

ハツの仕込み

牛　心臓

ハツの重量は2kg前後。大動脈（同店はタケノコと呼ぶ）とつながった状態で仕入れる。心臓を囲み巡る血管は舌触りが悪いためきれいに外す。同店ではさらに口当たりが良くなるよう、心臓内側の表皮も除去している。

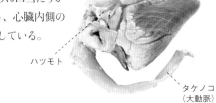

ハツモト

タケノコ
（大動脈）

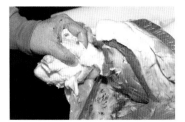

① ハツモトとハツの境目に庖丁を入れ、ハツモトと大動脈を外す。ハツモトは内部まで入り込んでいるので、中まで庖丁を入れて切り開きながら、当たりの感触で切り分ける。

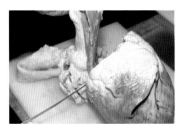

② 左右の心室を取り囲む大きな血管をとる。血管に沿って切ると、自然と左心室と右心室に分けられる。

③ 写真は片方の心室のみの状態。各所に張り巡る小さな血管や繊維の多い動脈付近のスジ、脂をさらに取り除き、形を整える。血管を左手で引きながら庖丁を切り進める。

④ 作業性から繊維に沿って3分割にサク取りする。

⑤ ハツモト付近に残る軟骨を、手で触って確認しながら切り外す。

⑥ 残った脂もきれいに切り除き、さらにハツの内側の皮や繊維も引いて取り除く。内側の皮まで取り除くことで、口当たりの良さが高まる。

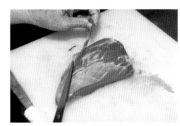

⑦ 表に返し、同様に表皮を取り除く。

⑧ 仕込みの完成。ここからさらにカットして商品化していく。

センマイ の仕込み

牛 センマイ

センマイは胃袋を閉じたままの状態で仕入れ、
届いたらすぐに開いて流水でヒダを1枚ずつ洗い、
臭みが残らないようにする。同店では下処理、
サク取りした後、さらにグレーの
表皮を落として「白センマイ」
にしてすべての料理に使用。
表皮は鮮度がよいほど簡単に
取り除けるという。

①

開いて中のヒダを洗浄した後、表面
につく脂を取り除く。左手で脂を引
っ張り、右手は身に沿って筋引き庖
丁をすべらせながら引く。

②

赤センマイに続く「カブ」の部分を
切り落とす。

▲Point

「カブ」はハチノスに続くつなぎ目と
赤センマイに続くつなぎ目にしかな
い部分で、希少性が高く、あまり流
通されない。弾力があり濃厚な味な
ので、捨てずにとっておく。

③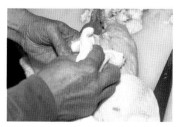

脂をすべて掃除したら、汚れが残っ
ている部分を布巾で拭き取る。

④

裏返し、サク取りする。ヒダとヒダ
の間に庖丁を入れ、5cm幅程度に
切り分ける。

⑤

ヒダを傷つけないよう、すべてサク
取りを行なって下処理は完了。この
後、湯振りしてグレーの表皮を取り
除き「白センマイ」にする（P109参
照）。

チレ の仕込み

牛 脾臓

薄く脂肪に覆われているが、皮を剥くとレバーのような見た目が特徴。下処理では中に入っている血管を取り除く。レバーより水分が少なく、ビタミンや鉄分が豊富で、味わいは力強い。鮮度が落ちると臭みが出るため、より鮮度重視の部位。

 ①

先に約10cm幅にサク取りする。

②

端を切り落とし、落とした箇所から皮のすぐ下に庖丁を入れる。

③

その皮を左手で引っぱり、右手の庖丁で肉に沿って皮を剥ぐ。

④

裏に返し、裏面も同様に皮を剥ぐ。

⑤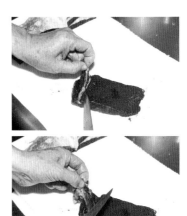

端から約1cmのところに大きな血管があるので取り除く。他のサク取りした肉も同様に仕込みをする。

シキン の仕込み

牛 食道

同店の場合、管の状態で届くので、開いてよく洗浄し、内側の白い皮を取り除く。食感は硬めだが、噛むほどに旨みが出る。これを同店では「あぶりシキンの漬け」（P111）などで提供。

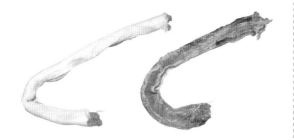

① 食感の邪魔になるので、手で探りながら薄皮の目立つ部分や血の塊はきれいに取り除く。

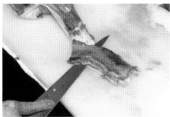

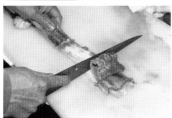

② 肉に庖丁を入れ、そのまま肉と皮の間に庖丁をスライドさせ、左手で皮を引っ張りながら肉を剥ぐ。

ツラミ の仕込み

牛 ほほ肉

写真のように頭からアゴまでつながった状態で届く。よく動かす部分なので筋肉があり歯応えがある。味わいは濃く、スジが多いため煮込みに向く部位で、同店では赤ワイン煮込みやシチューで提供。

① 表面の大きな脂や厚い膜を取り除く。

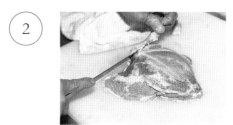

② 頭からアゴにかけて続くリンパを取り除く。手触りの感触が目安だが、いつも同じ場所にあるので慣れたら取り除きやすい。

③ 表面に残る薄い膜を取り除き、ここまで掃除できたら完成。料理によってサク取りしていく。

仕入れ・品質管理・衛生管理・
商品開発・売り方etc.

「ホルモン力^{りょく}」を高める！
繁盛店の取り組み

様々なホルモン業態が増えている中、差別化の意味でも、また食の安全性を守る上でも、仕入れや品質管理、
商品開発など、ホルモンに関わるあらゆる要素で店の実力を高めていくことが大切になってきた。
その点で、参考になる繁盛店の取り組みを紹介。

い志井グループの取り組み

　数々のホルモン業態を手掛け、ＦＣを含めて全国50店舗以上を展開するい志井グループ。長年ホルモンを研究する中で、馴じみの薄かった部位を提案したり、ホルモンの奥深さ、おいしさをお客に伝え続けることで業界の発展を牽引してきた。その商品力の背景には、18年以上前から続く、仕入れ先の群馬県高崎食肉センターと協力関係がある。また、東京・調布の本社にあるセントラルキッチンも、品質管理の徹底や新メニュー開発を進める上で重要な役割を果たしている。さらに、食の安心・安全を目指してスタートさせた店舗での衛生管理の取り組みも注目される。

品質管理

生の状態＝上質とは限らない。
赤・白でそれぞれ最適な処理を

　ホルモンは精肉とは違い、屠畜後から劣化が始まるので「鮮度」は当然大事。ただし、「新鮮＝生の状態＝おいしい、安全」という、世間一般のイメージには少し誤解がある。屠畜後の適切な処理も同じくらい重要だからだ。その点を、い志井は高崎食肉センターと二人三脚で研究し、進化させてきた。

　例えばホルモンの場合、ハツやレバー等の「赤もの」と、大腸や小腸など消化器官系の部位を指す「白もの」に大別されるが、同センターではそれぞれ処理法を変えている。鮮度が大事な赤ものは、屠畜して洗浄し、すぐに真空状態にして氷水に漬け、芯温７℃まで一気に冷やす。この工程を省く所も多いが、身が締まってプリプリし、味のレベルが変わるという。一方、白ものは部位自体が消化酵素を含むため、実は生の状態だと"自己消化"が進んで身が痩せてしまう。そこで高崎食肉センターでは屠畜後に加熱して消化酵素の働きを止める。こうした一次処理の手間のかけ方が、他にはないホルモンの品質のよさを実現している。

外部の厳しい衛生検査を導入し、グループ全体で安全管理を徹底

　2011年に焼肉店のO-157による死亡事件が起きた直後、い志井はグループ全店ですべての「生もの」の販売を停止。その後、安全管理の徹底に取り組んできた。まず全国すべての店舗を回り、厨房の状態や衛生基準が守られているかを確認。さらに今後は「ればテキ」などの人気商品の復活を目指し、より厳しい基準を設けていく。

　その一つが、外部の専門企業による衛生検査。もともとテナントで入店する大手商業ビルで実施していたものを直営全店に導入する。検査は抜き打ちで行なわれ、菌の採取を始め、まな板、手洗い場、ダスター等の状態の確認、食材の保存法まで、隅々まで徹底してチェックし評価される。また万一に備え、直営店では保険の契約も一新した。さらにFC店に対しても、今後、生ものを出す場合には、直営と同じ検査を受けて基準をクリアし、同じ保険に加入することを条件としており、安心・安全のために最善の体制を目指している。

①衛生面を徹底したセントラルキッチン。この場所ではモツ焼きの串打ちを行なう。手洗い場も規定通りで床もドライな状態をキープ。②非常に厳しい外部の衛生検査を導入。チェックは多岐にわたり、それぞれ評価や改善項目がレポートされる。③セントラルキッチンに引く水道管から工事して、殺菌効果のある浄水装置を地下に設置。施設全体で浄水された水を使う。

無駄なく、残さず使い尽くし、皆が得するメニューを目指す

　豚も牛も、あらゆる部位をメニュー化するい志井。その中で大事にしてきたテーマが「扱いにくい部位も、手を加えて魅力的な商品にする」「他では捨てられるものも無駄なく使う」ことだ。いまやどの店も提供する「Pトロ」（豚首肉）も先駆けて導入。豚の頭部に付いて引き取っていたものを活用するところから始まった。また鮮度落ちが早く、家畜のエサになっていたフワ（牛の肺）は、念入りに下処理をして煮込み等に活用する。

　さらに、ハツの膜やレバーのスジまで、あらゆるホルモンの端材を挽肉にして使う「ホルモンボール」も新たに開発。素材を大事にする姿勢が、お客にとっては珍しいものを手頃な価格で楽しめることになり、お店も利益が出て仕入れ先にも喜ばれる。そんな「三方よし」の商品づくりが強さの秘訣なのだ。

　現在も創業者の石井宏治氏は、高崎食肉センターやセントラルキッチンで商品開発のヒントを探る。最近は真空調理で作る「ハラミジャーキー」など、素材の加工法を工夫したメニューにも力を入れている。

鮮度や衛生面を強化するため、セントラルキッチンには真空包装機もある。メニューの中には、セントラルキッチンで半加工して真空密封し、冷蔵・冷凍して各店舗に配送するものもある。

仕入れ

取引先が持て余す部位も買い取り、売り切ってこそプロのホルモン店

仕入れルートが様々に増え、必要なスペックだけ入手することも容易になったことで、ホルモン店は飛躍的に増えてきた。だが、長く支持される"本物の店"を築くには、仕入れから設備投資、ソフト面の充実まで、高い意識を持ち続けることが大事だ。その点でも、い志井の取り組みは注目される。

例えば、需要が低く、卸売りが在庫を持て余す部位に牛テールがある。こうした仕入れ先が困っている食材もい志井は積極的に買い取り、売れる商品づくりへと知恵を凝らす。また現在「ればテキ」は提供を見合わせているが、かといって豚レバーの仕入れ量を減らすことはせず、「レバームース」といった新たな商品にして提供。こうした仕入れ先とのよい共生関係を作ることが信頼感となり、常に上質なホルモンを確保できることへとつながっている。また、セントラルキッチンで使う水は元管に浄水装置を導入。まな板等の殺菌設備も充実させる。スタッフへの衛生管理教育も徹底して、ハード・ソフト両面からプロ意識を高めている。

㈱萬野屋 の取り組み

大阪市内に焼肉店10店舗、精肉店2店舗、セントラルキッチン1事業場を展開し、2022年には、新業態である『しゃぶしゃぶ萬野』と惣菜店の『29.Deli萬野』も開業する㈱萬野屋。創業時から「肉のプロがうなる」焼肉店の専門性を追求してきた中で、特に注目したいのがスタッフ育成に関する取り組みだ。セントラルキッチンの「萬野屋ビーフファクトリー」の設立を始め、食肉市場の競りにスタッフを伴って参加するなど、「肉のプロ集団」を育てる数々の研修や仕組みが成果を上げている。焼肉・ホルモンに関することなら川上から川下まで「全部できる」人材づくりを目指す代表取締役・萬野和成氏に、その詳細を聞いた。

焼いた時に庖丁の切り込みが美しく見える『萬野』のホルモンメニュー。手間をかけた商品づくりが人気を呼んでいる。

全店スタッフが集まって行なう仕込みでは、牛肉は枝肉の骨抜きをするところから、牛ホルモンも各部位を丸ごと一から仕込むところから始める。

①『やきにく萬野ホワイティうめだ店』のカウンター席。お客一人に１台のロースターを用意し、オープンキッチンでオーダー毎にカットする和牛は、お客のカウンターと同じ高さでライブ感を演出。②シェアせずに一人一皿で提供されるMyサイズメニューの新サービス。１切れ９種の贅沢盛合せ。③『やきにく萬野ホワイティうめだ店』の外観。

商品力アップ

全員で、全店分を毎日仕込むことで あらゆる肉への「対応力」がつく

　これまで各店舗で行なっていた肉の仕込みを「萬野屋ビーフファクトリー」に集中させたのは、何も効率化が目的ではない。全店のスタッフが集まり、全店分の仕込みをすれば、当然、一人ひとりがさばく肉の数と量が圧倒的に増え、様々な部位に触れられる。また、毎日仕入れる精肉やホルモン類は当然、産地や品種、性別、等級などの個体差があるので、同じ部位でも仕込みや切り方を、その肉に合わせて最適化していく必要もある。そうした経験を重ねて対応力を身につけることで、商品化の技術が飛躍的に上がるのだ。

　さらに、例えばハラミを捌くのが上手な人がスタッフにいれば、他のスタッフはすぐ目の前でお手本として学べる。逆に自分の捌いたホルモンの仕上がりが下手だと、それが各店に配られるので迷惑がかかる。他にも、各店でどんな商品が売れていて、どんな売り方をしているのかといった情報共有もできる。「ビーフファクトリー」の設立は、こうした「焼肉のプロ」を育成する上で欠かせない数々のメリットがある。

売り方

種類別・一切れずつの盛合せ カルピ３種盛合せから 希少部位まで

　和牛肉を枝買いし、ホルモン類も一頭分をセットで仕入れる萬野屋。これを捌いて細かく商品化すると、ホルモンだけでも30品以上になる。それらを偏りなく売るために、萬野屋は売り方で様々な工夫を凝らす。

　例えば、『やきにく萬野ホワイティうめだ店』は、一人１台のロースターを用意したカウンターや目の前で肉・ホルモン類を捌くスタッフが見えるフルオープンキッチンで演出力を高め、お客に直接好みを聞いたり、肉・ホルモンの素材の旨みを一番引き立てる焼き加減や、食べ方（素焼き・塩焼き・タレ焼き、出汁醤油、特製付けダレ、豊富な薬味）を提案している。

　また、スタッフはアルバイトを含め全員、全種類のメニューを試食している。全員がそれぞれに肉の味を知り、知識や特徴を知っていれば、お客へのおすすめも熱が入る。ホルモンの奥深い世界に対し、間口を広げるような取り組みが功を奏しているのだ。

その日に仕込む分の発注表も全店分が壁に貼られ、どの店がどんな肉を、どのくらい使うのかを全員で共有。日替わりの「特選焼肉」の売価設定を各店のスタッフに任せるなど、肉の原価管理も身につけてもらう。

良いホルモンは「洗い方」が上手。鮮度は一次加工のやり方で変わる

　萬野屋の牛肉・ホルモン類は、全国10ヵ所の食肉市場から定期に、ほか数ヵ所の市場からスポット的に仕入れる。肉の卸売り直営の焼肉店という強みを活かし幅広いルートを持つが、市場での一次加工の具合によって、届く肉の質には差が出るという。

　特にホルモンの場合「洗い上手」なところは評価が高い。部位の洗い方が甘いと、臭いが出たり腐敗が早まる原因となるからだ。また、遠方の市場だと店に届くのは屠畜の翌日になるので、的確な温度で冷やす、あるいは配送中の温度管理が徹底していることも大事。萬野氏は定期的に各地の市場に訪れ、そうした管理体制もチェックするという。

　また、萬野屋では、部位ごとに消費期限を決めている。足が早い部位なら、入荷から72時間を超えたものは破棄するという。さらに、仕込み後や店舗での営業終了後は、肉を取り出して冷蔵庫の洗浄を毎日実施。あわせて棚卸しを行ない、自店で扱う肉の鮮度を正確に知ることを徹底している。

「肉の食べ比べ会」などを通じ本物の目利きになってほしい

　萬野屋が行なう研修に「肉の食べ比べ会」がある。ある時は牛タンをテーマに、和牛、ホルスタイン、経産牛、豪州産、米国産など、種類や産地、価格も様々な牛タンを用意。それを食味してどれがどの肉か当て、同時にそれぞれのタンの相場価格も言ってもらうという内容だ。全部正解するのは難しいが、食べ比べを通じて「目利きのプロ」になってもらうのが狙いだ。

　また、社内研修の内容も充実している。新卒採用の新人でも2〜3年で飲食店の一般的な知識だけでなく食肉の歴史や衛生管理、HACCP、肉・ホルモンの部位の知識・技術などを身につけるあらゆる要素を盛り込み「肉のプロ集団」を育てる教育システムを構築している。

　より質がよいホルモンを扱うには、仕入れ先との信頼関係が大切。だが、食肉の安心・安全を問われる今日は、同時に自らも、仕入れ先に負けないほど確かな知識と情報を身につけることが大事。値段や付き合いの長さだけで仕入れ先を選ぶのではなく、肉の知識や相場、情報をしっかり教えてくれる業者を重視することも、今後は大切だと萬野氏は考えている。

掲載店 SHOP DATA

※お店の情報は、2021年11月現在のものです。

い志井グループ P.6 P.216

もつやき処　い志井　本店
東京都調布市布田1-36-10
営業時間／15:00 〜 23:00
定休日／無休

新宿三丁目　日本再生酒場
東京都新宿区新宿3-7-3　丸中ビル1階
営業時間／16:00 〜 23:00
定休日／無休

新宿ホルモン
東京都新宿区新宿3-12-3
営業時間／16:00 〜 23:00
定休日／無休

焼肉食堂（卸）調布食肉センター
東京都調布市下石原2-46-1
営業時間／16:00 〜 23:00
定休日／無休

ハラミ屋 Burrari（ブラーリ）
東京都新宿区新宿3-6-14
営業時間／16:00 〜 23:00
定休日／無休

もつ煮込み専門店　沼田
東京都新宿区新宿3-6-3 2階
営業時間／17:00 〜 24:00
　土曜・日曜・祝日は16:00 〜 24:00
定休日／無休

洋食屋 CHRISTMAS亭
東京都調布市上石原1-32-6
営業時間／11:00 〜 22:00
定休日／無休

CAFE BunS
東京都調布市布田1-45-6　調布東口ビル1階
営業時間／11:00 〜 22:00
定休日／無休

焼肉トラジ 本店 P.22

東京都渋谷区恵比寿南2-2-4
　山燃2ビル1・2階
営業時間／月曜〜金曜 17:00
　〜 24:00（LO23:00）
土曜・日曜・祝日16:00
　〜 24:00（LO23:00）
定休日／無休

モツ酒場kogane（コガネ） P.30

東京都渋谷区神宮前3-42-15
　メグビル1階
営業時間／月曜〜金曜
　17:00 〜 24:00
土曜・祝日15:00 〜 24:00
定休日／日曜日

fujimi do 243（フジミ ドウ） P.60

東京都目黒区原町1-3-15
営業時間／火曜〜金曜18:00
　〜 22:00（LO21:30）
土曜・日曜・祝日13:00
　〜 20:00（LO19:30）
定休日／月曜

大地グループ P.86 P.168

串打ち大地
東京都渋谷区東1-3-5
　モアエクセレンス1階
営業時間／月曜〜土曜11:30
〜 15:30、17:00 〜 24:00
定休日／日曜

やきとん串焼専門店　大地
東京都渋谷区渋谷2-2-1
青山グリーンプラザ2階
営業時間／月曜〜金曜11:30〜15:00、17:00〜24:00
　土曜・祝前日17:00 〜 24:00
定休日／日曜・祝日

離の宴
はなれ

兵庫県神戸市灘区篠原南町
　　7-2-5
営業時間／11:30 ～ 13:30、
　　17:30 ～ 20:30（LO）
定休日／不定休

Bar Arte
バール　アルテ

東京都台東区清川2-5-3
※完全予約制

Tatsumi
タツミ

東京都目黒区上目黒2-42-12
スカイヒルズ中目黒1階
営業時間／11:30 ～ 13:30、
　　17:00 ～ 23:00
定休日／火曜・第三月曜日

韓国さくら亭 本店

京都府京都市南区吉祥院
　　西ノ庄西浦5-1
営業時間／火曜～木曜
　　17：00 ～ 22：00
　　（LO21:30）
金曜・土曜17:00 ～ 22:30（LO22:00）
日曜・祝日17:00 ～ 21:30（LO21:00）

焼肉店 ナルゲ

東京都渋谷区道玄坂1-5-9
　　レンガビル2階
営業時間／12:00 ～ 15:30
　　（LO 15:00）、17:30 ～ 23:30（LO 23:00）
定休日／日曜

SOLAグループ

**ダシだれ焼鳥・鉄板
うっとり ゆりのき台店**
千葉県八千代市ゆりのき台
　　4-1-2 クレール25 1階1号室
営業時間／日曜～木曜17:00
　　～ 25:00
金曜・土曜17:00 ～ 26:00
定休日／無休

炭火のうっとり　八千代緑が丘店
千葉県八千代市緑が丘1-2-22　緑が丘ビルこがね1階
営業時間／月曜～木曜17:00 ～ 25:00
金曜・土曜17:00 ～ 26:00　日曜17:00 ～ 25:00
定休日／年末年始

博多串焼もつ煮込み　うっとり　西葛西店
東京都江戸川区西葛西6-17-12 第3関口ビル 102
営業時間／日曜～木曜17:00 ～ 25:00
金曜・土曜17:00 ～ 26:00　定休日／年末年始

あばら大根　西葛西店
東京都江戸川区西葛西6-17-12　1階
営業時間／日曜～木曜　17:00 ～ 25:00
金曜・土曜17:00 ～ 26:00　定休日／年末年始

たゆたゆグループ

**焼とん ya たゆたゆ
難波千日前**
大阪府大阪市中央区千日前
　　2-6-10
営業時間／ 17:00 ～翌1:00
定休日／不定休

㈱萬野屋

やきにく萬野　本店

大阪府大阪市天王寺区国分町
　　21-40 ガード下番号58〜60
営業時間／16:00 〜 22:30
　　（LO22:00）
　　土曜・日曜・祝日11:30 〜 14:30（LO14:00）
定休日／不定休

やきにく萬野
ホワイティうめだ店

大阪府大阪市北区角田町
　　梅田地下街2-1号
　　ノースモール D-26
営業時間／11:00 〜 22:00（LO21:30）
定休日／不定休

炭火焼ホルモン まんてん

代々木店

東京都渋谷区代々木1-18-16
　　RESビル1階
営業時間／16:00〜24:00
　　（LO 23:30）
定休日／不定休

中目黒店
東京都目黒区上目黒3-1-4　グリーンプラザ3階
営業時間／17:00〜24:00（LO23:30）
定休日／不定休

中野店
東京都中野区中野5-54-6　永瀬ビル104
営業時間／月曜〜金曜16:00〜24:00（LO23:30）
土曜・日曜13:00〜24:00（LO23:30）
定休日／不定休

新宿西口店
東京都新宿区西新宿1-14-3 新宿ひかりビル6階
営業時間／月曜〜金曜17:00〜24:00（LO23:30）
土曜・日曜13:00〜24:00（LO23:30）
定休日／不定休

中目黒高架下店
東京都目黒区上目黒3-5-25
営業時間／17:00〜24:00（LO23:30）
定休日／不定休

新版　ホルモンメニューBOOK

専門店・焼肉店・居酒屋・ビストロ・バールのレシピ&技術146

発行日　2021年12月24日初版発行

編　者　旭屋出版編集部（あさひやしゅっぱんへんしゅうぶ）
発行者　早嶋　茂
制作者　永瀬　正人
発行所　株式会社　旭屋出版
〒160-0005　東京都新宿区愛住町23番地2　ベルックス新宿ビルⅡ6階

TEL　03(5369)6423(販売部)
03(5369)6424(編集部)
FAX　03(5369)6431(販売部)

旭屋出版ホームページ　http://www.asahiya-jp.com/

郵便振替　00150-1-19572

デザイン　武藤一将デザイン室
取　材　駒井麻子
撮　影　後藤弘行(旭屋出版)／キミヒロ
編　集　北浦岳朗

印刷・製本　株式会社シナノ　パブリッシングプレス

ISBN978-4-7511-1447-6　C2077